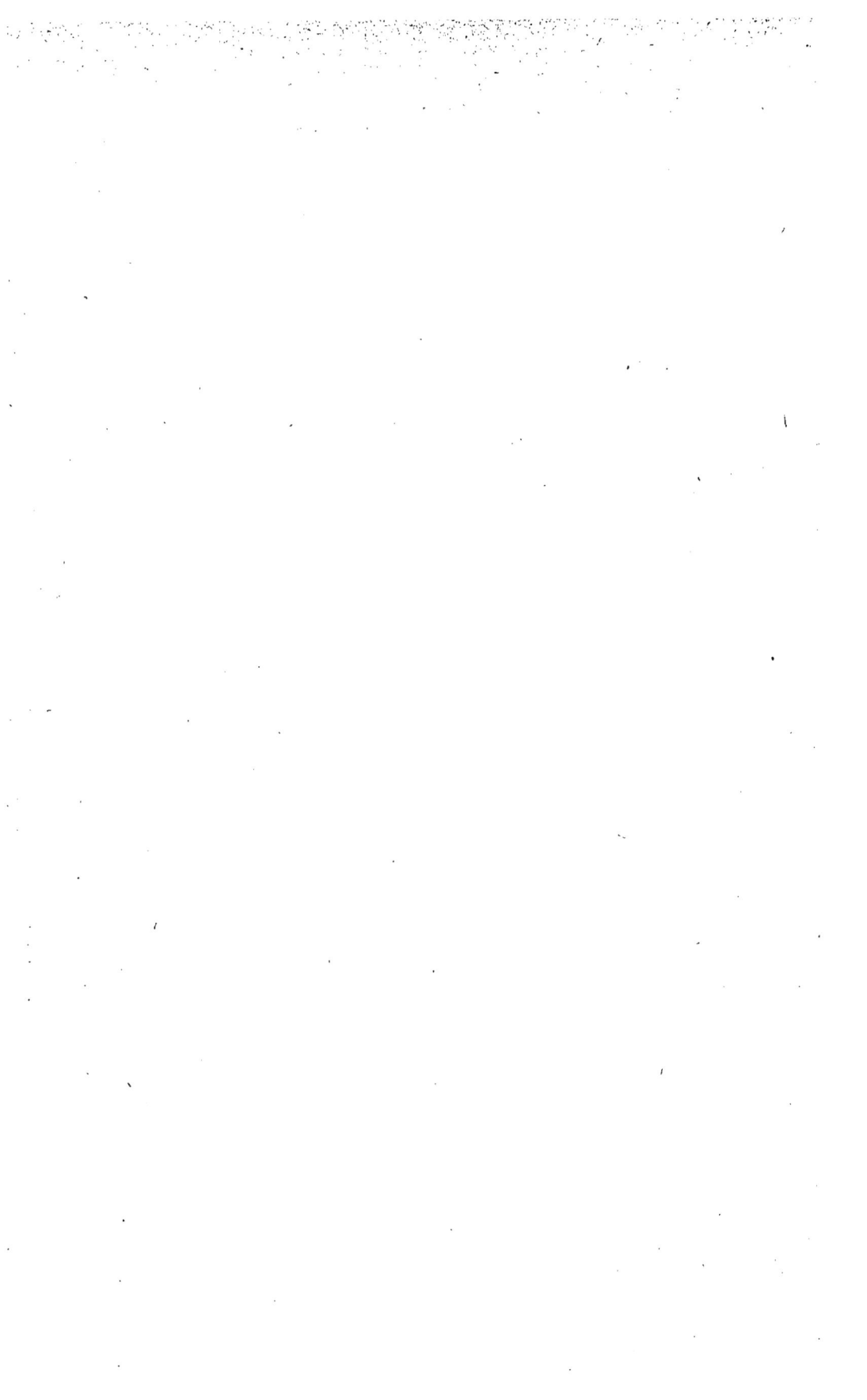

NOTES

DE MONSIEUR

DE CAUMARTIN

SUR LA RECHERCHE DES NOBLES

DE LA PROVINCE DE CHAMPAGNE EN 1673

D'APRÈS LE

Manuscrit inédit de la Bibliothèque nationale

~~~~~~~~~~~~

PARIS

H. CHAMPION, LIBRAIRE-ÉDITEUR

15, Quai Malaquais, 15

—

1883

Publié Par Edouard de Barthélémy.

NOTES

DE

MONSIEUR DE CAUMARTIN

Arcis-sur-Aube. — Imprimerie Léon FRÉMONT.

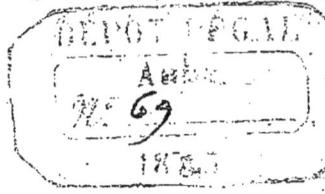

NOTES

DE MONSIEUR

DE CAUMARTIN

SUR LA RECHERCHE DES NOBLES

DE LA PROVINCE DE CHAMPAGNE EN 1673

D'APRÈS LE

Manuscrit inédit de la Bibliothèque nationale

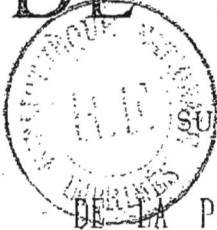

~~~~~~~~~~~~

PARIS

H. CHAMPION, LIBRAIRE-ÉDITEUR

15, Quai Malaquais, 15

1883

AVANT-PROPOS

ous pensons offrir à nos lecteurs un document de haute curiosité en leur faisant connaître les notes secrètes de Caumartin sur la recherche de la noblesse en Champagne, d'après la copie faite par d'Hozier sur le manuscrit original de l'intendant.

Un arrêt du Conseil du 22 Mars 1666 chargea M. Le Fèvre de Caumartin, intendant à Châlons, de rechercher les usurpateurs de noblesse dans sa généralité et de dresser le catalogue des généalogies des vrais nobles. Caumartin commença ce travail au mois de Janvier 1667, secondé officiellement par M. Lallemant de Lestrée, procureur du Roi, délégué en ladite commission, et officieusement par d'Hozier. Ce catalogue contenait 542 familles, auxquelles il faut en ajouter dix autres, ajournées pour plus amples informations et maintenues le 20 Décembre 1670. Un plus grand nombre se pourvurent ultérieurement devant Larcher, l'un des successeurs de Caumartin, et furent, à leur tour, maintenues par des arrêts successifs des années 1692 à 1700 ; d'autres recoururent à la Cour des Aides.

Nous n'avons pas à insister sur l'intérêt du document que nous publions pour la première fois. Caumartin y a inséré ses notes personnelles en indiquant les côtés faibles des pièces produites par les familles. On y verra la preuve de la prudence avec laquelle il fallait accueillir les prétentions mises en avant en matière nobiliaire et avec quelle ardeur on présentait des actes falsifiés. Tel qu'il est, le commentaire de Caumartin est singulièrement instructif, en même temps qu'il ne manque pas de piquant au point de vue de prétentions, auxquelles la démocratie moderne est loin d'avoir fait renoncer.

E. de B.

LA NOBLESSE MATERNELLE

DE CHAMPAGNE [1]

L ne femble pas déplacé, en tête d'une publication deftinée à faire connaître des détails piquants & inédits fur l'hiftoire nobiliaire de la Champagne, de réfumer ce que l'on fait aujourd'hui fur la tranfmission de la nobleffe par les femmes, dans cette province.

---

1. Pour les curieux, nous donnons ici la bibliographie des articles publiés sur la Nobleffe Maternelle depuis la prise d'armes de 1861 : P. BISTON : *De la Nobleffe Maternelle en Champagne & de l'Abus des changements de noms.* Châlons-sur-Marne, 1859 ; A. DE BARTHÉLEMY : *Recherches fur la Nobleffe Maternelle* (Extrait de la *Bibliothèque de l'Ecole des Chartes*) Paris, Aubry, 1861 ; PARRIN DE SÉMAINVILLE : *Encore la Nobleffe Maternelle, réponfe à M. A. de Barthélemy.* Paris, Dentu, 1861 ; BONNESERRE DE SAINT-DENIS : *De l'origine de la Nobleffe & des Anobliffements. Nobleffe utérine ou coutumière.* Revue Nobiliaire, Janvier 1863 ; A. DE BARTHÉLEMY : *Nouvelles obfervations contre la Nobleffe Maternelle.* Rev. Nob. 1865 ; PARRIN DE SÉMAINVILLE : *De la*

Il y a 20 ans, cette queſtion fut longuement débattue ; de nombreux articles furent publiés pour foutenir & combattre l'anobliſſement par les femmes. La diſcuſſion prit naiſſance moins dans un but d'étude hiſtorique que pour fatisfaire l'amour-propre de certaines perſonnes qui voulaient, en faifant triompher leur opinion, s'en attribuer les avantages & s'improvifer nobles. Convenons qu'en plein XIXᵉ fiècle cette prétention était quelque peu furannée, mais, en tout cas, bien innocente. S'il n'y avait eu, au fond, un problème hiſtorique à réfoudre, j'avoue que je n'aurais pas eu l'idée d'entrer dans la lice.

Aujourd'hui, les perfonnes qui tiennent encore, affez timidement, pour la nobleſſe maternelle, en font arrivées à des concluſions qu'il eſt important de noter :

1° La nobleſſe maternelle n'était autre choſe

Nobleſſe Féminine & de la Transmission des titres nobiliaires des femmes à leurs maris. Ibid., 1865 ; Du même auteur : *Toujours la Nobleſſe Maternelle, réponfe à M. A. de Barthélemy.* Ibid. Août 1865 ; FÉLIX BOURQUELOT : *Etude fur les Foires de Champagne,* 1ʳᵉ partie, p. 522. Paris, 1865 ; A. DE BARTHÉLEMY : *Les Monnayers de Troyes au XVIᵉ fiècle.* Rev. de Champagne et Brie, T. I ; F. LABOUR : *La Nobleſſe coutumiére dans l'ancien bailliage de Meaux.* Gazette des Tribunaux du 20 novembre 1877 ; ALB. DE MAUROY : *La Nobleſſe Maternelle de Champagne, étude fur le Droit coutumier.* Paris, G. Padone-Lauriel, 1882.

qu'une roture privilégiée, à laquelle étaient interdits les titres de chevalier et d'écuyer; elle ne pouvait profiter que de certains priviléges coutumiers fans jamais porter préjudice aux droits de roi [1].

2° Cette pfeudo-nobleffe ne peut revivre aujourd'hui; l'article de la Charte de 1814 : « l'ancienne nobleffe reprend fes titres, » ne lui eft pas applicable pour deux motifs. D'abord c'eft qu'elle n'avait pas de titres ; or la Charte ne faifait revivre que les titres abolis par la Révolution : enfuite c'eft que la nobleffe maternelle n'était au XVIIe fiècle qu'une inftitution coutumière, évanouie avec les coutumes, qu'aucun texte légiflatif n'a fait renaître.

Les défenfeurs de la nobleffe maternelle fe font appuyés fur divers arguments dont je n'ai pas eu de peine à démontrer le peu de valeur :

La *Coutume du roi Thibaut*, de 1224, qui n'eft qu'un recueil de jurifprudence compilé au com-

---

1. Alfred de Mauroy, 1882. — Fernand Labour, 1877. — C'eft ce que je foutenais en 1861 dans la *Bibliothèque de l'Ecole des Chartes*, & en 1865, dans la *Revue Nobiliaire*.

mencement du XIVe fiècle par quelque praticien [1].
On n'y trouve abfolument rien qui touche à notre
fujet, fi on veut lire le texte tel qu'il eft écrit. Je
dois même faire remarquer que, récemment, j'ai
pu voir un acte qui prouve qu'en 1266, une femme
noble mariée à un ferf, n'anobliffait pas fes enfants, en Champagne. Hélote, fille de feu Adam,
chevalier, de Saint-Germain-la-Ville, au diocèse
de Châlons, avec le confentement de Gilot, son
mari, homme de corps, fe donne à la comman-
derie des Templiers de Saint-Amand ; elle s'en-
gage à payer chaque année 6 deniers pour fon
cheviage : s'il lui naît des enfants, les garçons
devront 12 deniers & les filles 6, lorfqu'ils feront
arrivés à leur majorité [2].

Les lettres données à Gérard de Châteauvil-
lain, qui font de véritables lettres d'anobliffe-
ment.

---

1. En 1507, les vrais nobles, à propos de la coutume, invo-
quaient en leur faveur le ms. des Jacobins de Troyes contenant
la prétendue Coutume du roi Thibaut, tandis que les habitants,
communautés & autres gens particuliers en niaient l'authenticité.
En 1753, L'Evêque de La Ravalière niait aussi la valeur du manuscrit & disait que le fameux art. 20 était justement contraire
à la noblesse maternelle, d'autant plus que l'article 6 disait que
la fille noble épousant un roturier perdait sa noblesse pour elle
& ses enfants.

2. *Cabinet historique*, nouv. série, 1882, I, p. 45.

Les lettres données à Jean & à Gérard Bureau, qui procèdent d'une charte du comte de Champagne, évidemment apocryphe, au moins interpolée; or ce fait eft démenti par un acte du cartulaire de l'abbaye d'Oyes.

Un nombre confidérable d'arrêts qui, en réalité, ne font qu'établir le droit des intéreffés à ufer des priviléges accordés par les coutumes fans rien préjuger au point de vue de la nobleffe; dans la véritable acception du mot.

Il faut bien s'entendre, en effet, sur la valeur des mots. A une certaine époque, on peut dire pendant tout le moyen âge, les vocables *gentil homme*, *gentille fame*, *noble*, n'indiquaient pas expreffément que ceux qui les accolaient à leurs noms faifaient partie de l'ariftocratie; il fallait que les titres de chevalier ou d'écuyer vinffent les compléter. Dans prefque toutes les provinces de l'ancienne France, les actes mentionnent très fréquemment des bourgeois qui s'intitulent *Nobles hommes;* ici l'épithète *noble* n'eft guère fynonyme que de *notable*. Le gentilhomme de père était ce que nous appelons aujourd'hui le vrai noble; le gentilhomme de mère était le fils d'une mère franche & libre; celui-ci ne pouvait pas devenir chevalier lorfque fon père était roturier ou ferf, mais il avait la franchife & c'eft cette franchife qui était la bafe de ce que l'on a appelé la nobleffe maternelle [1].

On comprend que certains auteurs aient pu dire que la nobleffe maternelle avait exifté à un certain moment par toute la France, puifque la théorie que je viens d'expofer était la loi commune. A peu près partout la mère pouvait donner la franchife à fes enfants.

Cette acception qu'il faut attribuer au mot *noble*, n'indiquant que la franchife, eft bien établie par un document de 1343 que mon frère, M. Ed. de Barthélemy, m'a fignalé dans le Tréfor des Chartes.

Le texte de cet acte eft affez important pour que je le donne in-extenfo à la fuite de ce réfumé. Il établit ce que l'on entendait par nobleffe maternelle à Châlons au XIVe fiècle : c'eft le meilleur commentaire des trois premiers articles de la *Coutume locale*.

L'évêque de Châlons, Jean III de Happe, avait fait citer, devant le bailli, Marie, femme de Jean le

---

1. Beaumanoir. *Coutume de Beauvoifis*, éd. de la Société de l'Hift. de France, II, 232. — *Etabliffements de Saint-Louis*, ch. 18 et 130.

Picart, Catherine de Bergères & Jeanne femme de Gérard le Diable, comme ferves, à l'effet de les faire condamner à payer chacune, pour leur cheviage, 2 deniers par an qu'elles avaient ceffé d'acquitter depuis cinq années : fuivant le procureur de l'évêque, elles ne pouvaient alléguer à leur décharge qu'elles étaient nobles par leurs mères, attendu qu'elles avaient accepté l'héritage de leurs pères qui n'étaient pas nobles. Nous ferons remarquer, en paffant, que ce dernier argument tend à faire croire que pour hériter des priviléges tranfmis par la mère, l'intéreffé devait renoncer à la fucceffion du père ; c'eft ce qui était maintenu en toutes lettres par la coutume du Barrois.

Les trois défendereffes qui étaient coufines germaines, établiffaient qu'elles étaient nobles & franches comme iffues d'une aïeule, fille de dame et de chevalier ; de plus que leur père n'avait jamais été ferf, mais bien franche perfonne & clerc ; enfin qu'elles n'avaient d'ailleurs rien eu de fa fucceffion.

Le bailli, affifté d'un certain nombre de bonnes gens, clercs & lays & coutumiers, après avoir examiné les preuves fournies par les deux parties, donna tort à l'évêque et déclara les défendereffes nobles et franches femmes. Le roi, en donnant un *vidimus* de ce jugement, le confirma expreffément. — Dans tout cela, on le voit, il n'eft queftion que de décider fi les intéreffées font de condition ferve ou de condition franche; & fi elles peuvent jouir des droits coutumiers attachés à cette dernière condition.

Veut-on favoir comment Pithou, qui était champenois, appréciait la prétendue nobleffe maternelle ? Voiçi comme il s'exprime au fujet de M. de Trémilly[1] :

« S. M. fait connoître affez apertement par fa dicte lettre qu'il tafche de faire recevoir aux gentilshommes une honte & les abbaiffer par mefpris quand il leur donna pour protecteur un

---

1. En 1575, le roi voulant démentir le bruit d'un nouveau massacre général des Protestants, écrivit à Troyes, au s[r] Menisson de Trémilly qui était favorable aux Réformés ; cette dépêche, « pleine des plus sages assurances, » était accompagnée d'une lettre du duc d'Anjou. Trémilly se crut un « second roitelet mis sur le dos de l'aigle & porté en l'air ; » il s'empressa de faire faire des copies notariées de la missive royale & de les répandre. Parmi des Protestants plus d'un s'étonna que l'on ait choisi un pareil intermédiaire. Il n'avait que ce que l'on appelait le *petit ordre de Saint-Michel ;* c'est-à-dire qu'il n'obtint jamais de collier, malgré ses démarches : il portait simplement l'image de Saint-Michel, pendue à un lac de soie. Il devait cette distinction à l'un de ses amis, le Sr du Coudray, dit Fier-à-Bras, à l'occasion d'une mission à Francfort relative au paiement des reitres. On lui avait octroyé ce ruban pour lui donner meilleure apparence.

perſonnage de ſi baſſe eſtoffe qu'eſt Trémilly. Il eſt chevalier de l'ordre, je le confeſſe, mais à tort & ſans raiſon. Qui pis eſt il a eſté fait chevalier avant que gentilhomme, car tous ſes anceſtres étoient marchands & de roturière naiſſance. Jacques Meniſſon, ſon père (ainſi s'appelloit-il), eſtoit drappier, chauſſetier, marchand fréquentant les foires. Il tenoit, n'y a pas, par manière de dire, trois jours, boutique ouverte dudict eſtat en la ville de Troyes & a toujours ſuivi et continué ce train juſqu'à ce que, venant en âge, il achepta du roy un office de receveur des aides, & ayant fermé boutique, il voulut trancher du noble. Ayant à ceſte fin obtenu lettres du roy pour eſtre relevé de ſa vie roturière, il commença à ſe vouloir exempter, comme eſtant noble, de payer au roy le droit du 8ᵐᵉ du vin de ſon crû par luy vendu en détail ; eſtant admis à vérifier ſa dicte nobleſſe prétendue par luy, il n'en put oncques venir à bout, *fors de celle du coſté maternel;* au moyen de quoy il fut ordonné par les esleus de Troyes, par devant leſquels le procès eſtoit pendant, qu'avant que procéder au jugement dudict procès les anciens advocats & procureurs de Troyes feroient ouys en tourbe ſi, par l'uſement de la couſtume de Troyes, il ſuffit eſtre né de mère

noble pour eftre exempt dudict 8ᵐᵉ. S'eftant
Meniffon reparlé de paffer plus outre on n'en
entendit plus parler & *continua de payer le* 8ᵐᵉ
comme les autres roturiers. Ce que j'ai apprins
antrefois d'un des plus anciens & fameux advocats de la ville de Troyes, nommé Mᵉ Pierre
Gombault. J'ay pareillement cogneu la femme
dudit Jacques Menisson, mère de Trémilly, &
luy ay toujours veu porter le chapperon de drap,
comme les autres bourgeoises de Troyes, jufques
quelque peu de temps auparavant fa mort que
fon mari & elle s'eftoient retirés à Trémilly, elle
print le chapperon de velours à la fufcitation de
fondit fils, elle eftant desjà en aage. »

Maintenant, fi, de la fin du xvıᵉ fiècle nous
passons à la fin du xvıⁱᵉ, nous trouvons une lettre
du marquis d'Argenfon adreffée au lieutenant
général à Troyes ¹, le 13 décembre 1694, & qui
eft ainsi conçue :

« Monfieur, j'ay receu la lettre que vous
m'aves fait l'honneur de m'écrire le 4 de ce mois
avec l'eftat des fiefs & arrière-fiefs fitués dans le

---

1. Pierre-Guillaume de Chavaudon, seigneur de Chavaudon,
Sainte-Maure & Bercenay.

reffort de votre bailliage ; j'examineray cet eftat avec attention &, s'il y a quelques articles qui ne foyent pas affez circonftanciés, je vous prieray de les vouloir faire éclaircir.

Je vous envoye une furcéance pour fix femaines comme vous le défirez ; mais fi votre nobleffe ne vient que du cofté maternel, comme les traittans me l'affurent, je crains que vous ne foyez pas bien fondé & que cette efpèce de nobleffe ne reçoive de grandes difficultés dans l'efprit de M^rs les commiffaires généraux, comme elle en a receu dans les recouvremens des droits des francs fiefs qui ont précédé celuy-cy. Je fuis, Monfieur, votre très humble et très obéiffant serviteur.

D'Argenson. »

J'ai déjà eu occafion de mentionner un fait qui explique jufqu'à un certain point l'empreffement avec lequel, à Troyes, un certain nombre de familles revendiquèrent la qualité de noble & les privilèges réfervés aux gentilshommes de père. La corporation des monnayers troyens était nombreufe ; parmi ceux-ci on comptait des bourgeois riches. Or les monnayers jouiffaient, à caufe de leurs fonctions, de certains privilèges que les rois leurs avaient accordés ; de plus, en

Champagne, ils étaient exempts de payer la Jurée, impôt fur la propriété qui était dû au fouverain pour les franches perfonnes appellées *Bourgeois du roi.* — Les priviléges des monnayers fe tranfmettaient héréditairement par les hommes comme par les femmes. Il eft inutile d'infifter fur le parti que cherchèrent à tirer de cette pofition exceptionnelle des intéreffés qui avaient quelque droit à fe confidérer comme appartenant à une cafte fupérieure à la bourgeoifie ordinaire. Si on compare les noms des monnayers de Troyes à ceux des familles pour lefquelles furent pris la plupart des arrêts rendus au fujet de la prétendue nobleffe maternelle, on conftate une éloquente coïncidence. Citons les Molé, les Largentier, les Hennequin, les Angenouft, les Lefguifé, les Chevry, les Le Bey, les Bury, les Marisy, etc. Parmi ces familles, plufieurs arrivèrent plus tard à la vraie nobleffe, par des charges parlementaires ; mais il ne faut pas oublier que Caumartin, lors de la rédaction de la *Recherche de la Nobleffe de Champagne,* se gardait bien, comme on le voit plus bas, au nom de Berthelin, d'admettre aucune des familles qui ne préfentait que des preuves de nobleffe maternelle.

ANATOLE DE BARTHÉLEMY.

*CONFIRMACIO certe sentencie date per bail-
livum domini episcopi Cathalaunensis pro
Maria uxore Johannis Picardi, Katherina
de Bergieres et Johanna uxore Gerardi dicti
Le Dyable, per quam sentanciam declarantur
esse nobiles.*

HIL., etc. Notum facimus universis tam presentibus quam futuris nos infrascriptas vidisse
litteras formam que sequitur continentes. A
touz ceux qui ces presentes lettres verront et
orront, Guillaume de Damery, lieutenant de honorable
homme et saige Regnart de Coincy, baillif de Chaalons,
salut. Comme li procureres de reverent père en Dieu,
Mons' l'evesque de Chaalons eust poursuyvi, approchié
tant en cause et fait demande par devant Nous, comme
lieutenant dudit baillif, Marie fame Jehan le- Picart de
Vaulx, Katherine de Bergieres et Jehanne femme Gerart
le Diable, toutes trois cousines issues de trois sereurs
germaines, en disant que les dictes Marie, Katherine et
Jehanne estoient femmes dudit reverent père pour rayson
de son dit esveschié, paiant chascun an deux deniers au
jour de la Saint-Remi d'octembre pour cause de leurs
chevages et amandes, chascune de elles, toutes fois que
elles les laissoient ou defalloient à les paier, et que
deffailli avoient de paier leurs dits chevages par cinq anz
continuez; et concluoit li diz procurreres encontre elles

et encontre chascune dicelles que, se elles cognoissoient
que il fust ainssi, elles fussent condempnées et con-
traintes et chascune d'elles à paier chascune d'elles dix
deniers, c'est assavoir pour chacune des dictes cinq années
deus deniers, et à amander les deffaus de ce que paié ne
les avoient par les dictes cinq années; et se elles le vou-
loient nier ou mescognoistre li diz procurreres l'offroit à
prouver souffisamment. La dicte Marie, de l'autorité
dudit Jehan son mari estant illeuc present qui povoir et
autorité li en donna et elle le reçut; la dicte Katherine
pour tant comme il li touchoit et povoit appartenir, et la
dicte Jehanne aussi de l'autorité dudict Gerart son mari à
ce present qui povoir et autorité li en donna aussi et elle
le reçut, disenz et proposenz au contraire, et à leurs
deffenses que elles n'estoient pas serves ni n'avoient
onques esté ni femmes qui deussent chevaiges ni servitute
aucune à Monsr de Chaalons ni à autres quelconques
seigneurs, mais estoient franches femmes et nobles en
saisine et en possesion de franchise et de noblesce, issues
et actraites de noble sanc et de franche et noble lignée de
chevaliers et de dame; c'est assavoir de Mons. Pierre de
Bergieres chevalier et de Madame Hersan sa femme qui
furent jadis trespassez de ce siècle, li quels furent lonc
temps ensemble par mariage; duquel mariage estoient
yssuz plusieurs enffentz, c'est assavoir Jehan de Bergieres,
Guarins de Bergieres, Nicolas de Bergieres, damoiselle
Bazille et damoiselle Marie; de laquelle damoiselle Marie
issirent par loyal mariage damoiselle Jehanne, damoiselle
Heluis et damoiselle Colete; de laquelle damoiselle
Jehanne issi ladicte Marie, fame dudit Jehan le Picart, et
plusieurs autres enffents; et de ladicte damoiselle Heluis
issi ladicte Katherine et feu Jehanne, une sienne seur; qui
fu femme de Jehan Alixandre, desquiex issirent plusieurs

enffents, c'est assavoir Helesson, Jehannete et Colete ; et
de la dicte Colete issi la dicte Jehanne femme Gerart le
Deable et plusieurs autres enffenz et coussins estoient
nobles de noble sanc et de noble ligniée descendues et
attraites, si come elles disoient, quar leur dicte aieule fu et
avoit esté fille de dame et de chevalier, si comme ci-
dessus est escript et devisié ; disenz et proposanz ancor
que la saisine et possession de leurs dictes noblesces et
franchises, elles, leurs dictes meres, leurs diz aieuls et
aieules et tuit cil et celles de leurs ligniées et de cui ils
estoient tout issu et descendu, avoient gardée, tenue et
continuée par le temps passé et par tel qu'il souffisoit et
devoit souffire à bonne saisine et possession de noblesce
délibérée, et franchise avoir acquise envers touz et contre
touz au veu et au sceu de tous ceus qui veoir l'ont volu
et espécialment des évesques de Chaalons et de leurs
genz ; et que, se ou temps passé, aucuns de leur ligniée et
du linaige dessus dit avoit esté approchiez ou gagiez pour
aucune servitute il avoient lors allegué et fait foi de leur
dicte noblesce et franchise et leur avoient esté touteffoiz
leur gage rendu franchement senz riens paier comme à
nobles et franches personnes ; et que touteffoiz que aucun
de leur ligniée avoient esté atourné ou appellé devant le
prevost de Chaalons, il avoient décliné la juridiction
d'icelui en allegant leur noblesce et avoient esté renvoié
touteffoiz devant le bailli et les baillis de Chaalons qui
pour le temps estoient, et ont esté comme nobles et franches perssonnes et avoient pledié devant lesdiz baillis et
esté appellé dehors huitaines et dedenz quinzaines
comme nobles ; concluoient sur toutes ces choses que, se le
dit procureur cognoissoit ces choses estre vraies et qu'il
fust ainssi, que elles fussent absoltes et délivrés de la
demande dudit procureur, que leur dicte noblesce et fran-

chise leur fust esclaircie et adjugiée et par conséquent
tenues et gardées en la saisine et possession d'icelles ; et si
li diz procurerres en vouloit aucune chose nier, elles
offroient à prouver des choses dessus dictes par lectres et
par bons tesmoigns souffisans, tout ou partie ou tant et si
avant qu'il souffiroit à leur dicte entencion ; aus quelles
choses eust esté repliquié dudit procureur que les dictes
Marie, Katherine et Jehanne ne fasoient à recevoir ne on
ne les devoit oir opposer les choses dessus dictes pour que
elles estoient serves à Monsʳ de Chaalons en la manière
que proposé l'avoit et l'offroit à prouver ; et supposé que
elles fussent issues et attraites de noble de par leurs meres,
si comme dessus est allegué, si avoient elles prins et tou-
chiez les successours de leurs peres qui n'estoient ni n'a-
voient pas été nobles, pour laquelle elles devoient
ensieuvre la paiour condicion et devoient estre et demeu-
rer serves comme dit est ; aus quelles choses eussent res-
pondu les dictes Marie, Katherine et Jehanne que leur
pere n'avoient pas esté serf ni de condicion serve, mais
avoient esté franc et clert li aucun, et supposé que li
aucun eussent esté de condicion serve, ce que non, ne
seroit il ja trouvé que elles eussent riens pris des biens
de leurs peres ne touchié à iceux comme hoirs de leurs
diz peres ; sur les quiex choses et plusieurs autres propo-
sées d'une partie et d'autre les dictes Marie, Katherine et
Jehanne, d'une part, et ledit procureres, d'autre, se fussent
appointiez et cheuz en faiz contraires, et eussent offert
appuier de leurs faiz d'une partie et d'autre en niant
chascuns le fait de sa partie adverse, et leur eussent esté
sur ce bailliées et assignées plusieurs et certaines journées
à amener leurs tesmoigns pour prouver leurs faiz proposez chascun deuls à son entencion. Aus quelles journées
ycelles parties en eussent plusieurs amenez et produiz et

espécialment les dictes Marie, Katherine et Jehanne plusieurs bonnes genz nobles, clers et autres, tuit liquel tesmoign eussent esté sermenté et juré, presenz les dictes parties, senz ce que il fussent debatu ne contredit d'une partie ne d'autre, ne que li diz procureres reprochant en riens les tesmoigns des dictes femmes ; li quel tesmoign tant d'une partie comme d'autre, sur les faiz proposez des dictes parties eussent esté sur ce diligenment oy et examiné par nous en la compaignie de discret homme Monsr Michiel doyen de Saint-Waal de Soissons, lieutenant de l'argentier dudit reverent pere à ce appellé avec nous. Saichent tuit que les dictes parties estans sur ce en leurs propres personnes en jugement par devant nous, icelies enquestes et examinacions de tesmoigns apportées, ouvertes et levées en jugement de leur gré et à leur requeste prins et eu sur ycelles et sur tout le dit proces par grant et diligent délibéracion, le conseil et avis des sages et de plusieurs bonnes genz clers et lays et coustumiers estanz illeuc presenz, veu et considéré tout ce qui nous et ladicte court povoit et devoit mouvoir, tant de droit comme de coustume, avons dit et prononcié disons et prononçons par jugement et par droit que le procurere dudit reverent pere n'avoit pas souffisamment prouvé les faiz de par lui proposez et entrepris à prouver, mais les dictes Marie, Katherine et Jehanne avoient bien et souffisamment prouvé les faiz de par elles proposez et entrepris à prouver, et que elles estoient nobles et franches femmes attraites, issues et descendues de noble sanc et de noble et franche lignée, en la forme et maniere que elles l'avoient proposé et si comme elles l'avoient proposé et si comme dessus est dit. Pour quoy nous, comme juges de la demande et poursieute que fait leur avoit li dit procurere, les avons absoltes et absolons et leur esclarcissons et avons esclarci leur dicte noblesce et franchise, si comme autre foiz avoit estoit fait et que bien et souffisamment l'avoient prouvé, si les tenons et tenrons de ci en avant à touz jours mais pour nobles femmes et franches. A ce furent presenz Jehans Rabais d'Avenay, prevost de Chaalons, Jehan Tierssaines, Pierre de la Tour, Michiel Noisete, Jehans de Saint-Remi, eschevins illeuc, Henris Noisete, Jacquiers Noisete, Jehan de Clamenges, Linars de Quesnoy, sergent du roy nostre sire au service de la collecterie de Vermandois, Jacquiers de Chastillon, clercs Baldoyns de la Chappe, Thibaut Fouchiers, Pierre de la Tour, Pierre de Courtisor, maistres Gautiers li Taverniers, Jehans Petiz, Colars Gros Os, Jehans Marsons, Henriz ses filz, Jehans du Minage, clers, et grant quantité d'autres personnes, le venredi avant la feste de la Nativité Saint-Jehan-Baptiste l'an de grace mil CCC. XLII. En tesmoignage de verité desquels choses nous, à la requeste des dictes Marie, Katherine et Jehanne, avons fait sceller ces presentes lettres du scel de la baillie de Chaalons ensemble notre propre scel pour contre scel, saus touz droiz, l'an dessus dit ou mois de juillet. Nos autem premissa omnia et singula in dictis litteris contenta rata habentes et grata quathenus rite et juste acta sunt ea volumus, laudamus, approbamus et auctoritate nostra regia de speciali gratia tenore presentium confirmamus. Quod ut firmum et stabile perpetuo perseveret, presentibus litteris nostrum novum ficimus apponi sigillum, nostro in aliis et alieno in omnibus jure salvo. Datum et actum Parisiis anno domini M. CCC. XLII, mense marcii.

*Per Dominos Claromentensem
et Laudunemsem episcopos.*
PELICIER.

Non videntur debere financiam.
J. MIGNON.

(Arch. Nat., Tr. des ch. LXXII, f° 304 et seq.)

NOTES SECRÈTES

DE

LOUIS-FRANÇOIS DE CAUMARTIN [1]

AVOGADRE (*m*) [2]

L'ayeul exempté de la recherche de 1599 sur le
témoignage de M. de Nemours qu'il étoit noble piémon-
tais. La sentence dès commissaires semble supposer qu'il
n'étoit pas noble et depuis ayant rapporté la minute fut
jugé noble. (Cette minute est une recommandation de

---

1. *Note sur la première page du manuscrit, coté :* Cabinet
des Titres : Originaux, 715. — Tout ce qui est contenu dans ce
volume est la copie des jugemens rendus par feu Monsieur de
Caumartin, intendant de Champagne, par lesquels il a confirmé
comme nobles, ou condamné comme usurpateurs, les familles con-
tenues dans ce livre. J'ai fait faire cette copie sur le registre
original écrit de la main de Monsieur de Caumartin à Chaalons
au mois de juin 1672.   D'HOZIER.

Lorsque j'étois à Chaalons et que je travaillois aux preuves de
la noblesse des races principales du pays, étant des amis les plus
distingués de feu mon père, Monsieur de Caumartin me fit venir
au mois de Décembre 1667 afin de me mettre à portée de
m'exercer dans une profession que je devois suivre dans la suite
par la distinction que feu mon père avoit fait pour cela de ma
personne, ayant eu un frère aîné qu'il n'y a pas jugé propre.

2. La lettre (*m*) indique *maintenu* (*r*) *refusé*.

M. de Choisy, cousin de M. de Caumartin que Madame d'Avogadre, femme du commandant de Metz, où M. de Choisy étoit alors intendant, et fort jolie, obligea d'écrire en faveur de ces gens-là).

(Note de d'Hozier).

AULNAY, s^r de Fligny (*m*)

Déclaration de faux d'un contrat de 1548 et d'un acte de 1562.

AILLY, s^r d'Aunou (*m*)

Déclaration de faux des actes de 1542 à 1568 où l'on a substitué le nom (avec armes) d'Ailly à d'Allier. Renvoi au Conseil qui juge favorablement.

AILLY, s^r de Martigny ⌀

Se dit issu d'un frère de la Pucelle et s'appeller du Lys, par corruption d'Ailly. Nul titre sauf une enquête de 1663 et des épitaphes compulsées. Amende modérée à 150 liv. parce qu'il a eu deux fils tués au service.

ANGENOUST (*r*)

Amende. L'ayeul, Denis, n'a jamais pris qualité d'écuyer, ne l'ayant reçu que dans une quittance de l'évêque de Troyes. J'ai un titre qui prouve que ce Denis étoit bâtard de Denis Angenoust, bailli de Nogent-sur-Seine.

D'AULTRY

Le véritable nom est Vincent, auquel Jean Vincent, maître des requêtes, ajouta celui de Genicourt comme si celui de Vincent étoit un nom de baptême. Depuis, en faisant ériger sa terre en baronnie il lui a été permis, en 1613, de prendre le nom d'Aultry au lieu de Genicourt.

Note de d'Hozier : « Anobli comme auditeür des comptes de Bar, 26 janvier 1556. »

LARCHER

Le président aux comptes est le premier qui ait pris la qualité d'écuyer.

AUBETERRE

Qualifié marchand en 1557. Inscription de faux contre trois actes de 1529, 1560, 1569. Aura à produire les minutes des autres actes.

ARMINOT

Aura à produire le jugement de maintenue de l'Intendant de Bourgogne avec les pièces à l'appui.

D'ANTIGNY, sr du Vieil-Dampierre

Attendra que le Roi l'ait relevé de sa dérogeance, mais c'est une bonne maison de nom et d'armes, près de Joinville.

ANTOINE (r)

Actes de 1572, 1575 falsifiés. Nuls partages ni aveux pour deux des degrés intermédiaires : aucun service d'épée ni autres de charges nobles que des prévôts de Voilcomte et des procureurs fiscaux de village.

AUBERTIN (r)

Denis, comme garde des sceaux aux contrats à Sainte-Ménehould, prend la qualité d'écuyer, de 1543 à 1568. Nulle trace avant ni après.

D'AVENNES (*m*)

ARZILLIERS (*m*)

AULNAY, sʳ de REGE (*m*)

AVERHOULD (*m*)

ARNOULT (*m*)

D'AGUERRE (*m*)

AUGER, sʳ de MANIMONT

Anobli.

AMBLY (*m*)

Prouve depuis 1527.

ALLONVILLE (*m*)

AVRILLOT (*m*)

L'ANGLOIS (*m*).

Il y a une enqueste faite en 1567 par un Cuissotte à Chaalons, son parent, et où les principaux témoins sont encore parents, justifiant la filiation de Jean Langlois, dit Briquet, à un autre Jean, et de lui à Quentin. Il a depuis rapporté un acte en 1553 qui lève cette difficulté et en fait une autre, sçavoir que Jean vivoit encore en 1553, et par l'enqueste de 1567, il est dit qu'il y a vingt ans qu'il étoit mort.

ANGLAR, sʳ de BEFROY (*r*)

Sentence de 1552 le déclarant exempt de tailles comme archer.

ALLENDHUY (*m*)

AUTRÉ (*m*)

D'AOUST (*m*)

Après relief pour dérogeance comme ayant pris des dîmes à bail.

D'ARRAS (*m*)

L'ARGENTIER (*m*)

ANTOINE (*m*)

ARNAULT (*m*)

ARZILLEMONT (*m*)

AUBLIN (*m*)

D'AVANNES (*m*)

Après mise en demeure d'apporter sous deux mois les minutes des contrats de 1535, collationnées en 1639.

D'ARGIS (*m*)

AUNAY, sr de Morambert (*m*)

ALLIGRET (*m*)

ALLE (*m*)

ALLICHAMP (*m*)

AIGREMONT (*m*)

L'AUMOSNE (*m*)

ANTIGNATE, sr de Bierre

Prouve depuis 1633 : arrêt de maintenue de 1668 pour ses cousins germains, Charles et Guillaume, ne prouvant que de 1587, rendu en considération de leurs services et de ceux de leurs père et ayeul : grâce personnelle à eux.

AGUISY (*m*)

ARNOULT, sr des Notres

Anobli.

L'AUMONIER (*m*)

LARGENTIER, s^r de L'Eguillon (*m*)

Autre, roturier comme fils légitimé en 1626 de Charles. abbé de Lassé.

ANGLURE (*m*)

ARTIGOITY (*m*)

ASPREMONT, marquis de Vandy (*m*)

D'ARBAUD

Sort de la robe : preuve depuis 1541 par titres nouvellement délivrés sur minutes. Il en est parlé dans Nostradamus.

Note de d'Hozier : « Ce sont d'autres d'Arbaud. »

BUTOR (*m*)

Il n'y a qu'un titre de 1549, encore est-il suspect : quelques services militaires : je lui donne le mois de juin 1668 pour fournir et il a produit des pièces nouvelles.

BEAUFORT (*m*)

Ne commence qu'à l'ayeul, 1560. Maître d'hôtel du prince de Condé.

LE BEL (*m*)

BOUILLARD, s^r de la Croix

C'est un gentilhomme, à faute de satisfaire aux productions, déclaré roturier. Inscription de faux contre un acte de 1550.

BELLANGER (*m*)

Ayeul maître d'hôtel du prince de Condé. Anobli en 1607.

BOI (*m*)

Anobli.

BRICQUEMONT (*m*)
BARBIER de Broyes (*m*)

Ayeul anobli en 1593.

BOURGEOIS (*m*)
LA BRUIERE (*m*)
BERRUYER (*m*)
DU BOIS (Didier) (*m*)

Sur pièces faibles.

DU BOIS, sr de Villeneuve, des Cordes (*m*)
BROSSARD (*r*)

Actes falsifiés et faux.

BALAINES (*m*)

Ne commence ses preuves en 1542. Il ne faut pas qu'il imprime un acte fabuleux de 842, d'anoblissement par Charles-le-Chauve.

DU BOIS, sr d'Escordal (*m*)
BROSSARD

Inscription de faux contre contrat de 1532 et plusieurs autres.

DE BAR, sr de Vélye

Maintenu. — Puis réassigné pour dérogeance en 1599 pour louage de cens : déclaré par défaut roturier.

DE BRIE

Cette noblesse est excellente, quoiqu'on ne prouve pas de fort haut. J'en ai donné la généalogie à M. du Bouchet, dressée par le P. Vignier.

DU BOIS, s^r de Chevillon, à Champagne

Roturier. — Contrat de 1511 fort suspect et apparemment pièces fausses depuis 1567. Jugement contradictoire de M. de Choisy en 1635 de rotures : 800 liv. d'amende.

DE BRUNE, à Lestang (Vertus) (*m*)

J'ai eu grande peine à le passer.

BECU (*m*)

Après ajournement d'un mois.

BEREY (*m*)
BEVI (*m*)
BEFFROY (*m*)

Les titres ne sont bons que depuis 1528

BERMONDES (*m*)

Bonne noblesse.

DE BLOIS (*m*)
BARAILLON (*r*)

Pièces fausses de 1579 à 1600 : 1,500 liv. d'amende.

BERTHELIN, à Troyes (*r*)

Prétend à la noblesse comme sorti d'une fille de Léguisé : notaires. Amende de 200 liv.

BRODARD (m)

Après condamnation par arrêt du Conseil. J'ai vu l'hommage de 1542 faux, et avec cette vilaine pièce il y avait la vraie.

DU BOIS, sr de Gandeloup (r)

Amende de 150 liv.

BERZEAU (m)

LE BLANC (m)

Anobli.

LA BOULAIE (m)

Ne prouve que trois degrés : s'appuie sur des actes passés en Normandie où « noble homme » équipolerait à écuyer.

BÉGAT (m)

Déclaré d'abord roturier sur pièce fausse de 1542.

BOUCHER, sr du Plessis (m)

DU BELLAY (m)

BARADAT (m)

Titre d'écuyer pris depuis 1558 : avant « Magister » et « discretus vir. »

BELIN (m)

Très-pauvre.

BRAUX (m)

Anobli en 1366, mais ces lettres ne sont registrées dans aucune Cour.

BAILLET *(m)*

BOUCHET, à Chantemerle *(m)*

BOUCHET, élu à Rethel *(m)*

Après inscription de faux contre un bail de 1559 : à produire la minute.

BOHIER *(m)*

Dans une preuve de chevalier de Malte, il est dit qu'il est reçu à la prière du chancelier du Prat auquel l'ordre est fort obligé. Nulle mention du côté maternel.

BUDÉ *(m)*

Qualifié seulement noble homme jusqu'en 1566.

DE BIGAUT, sr de PRÉFONTAINE *(r)*

N'a pas rapporté les minutes des pièces entachées de faux. — Robert Bigaut, anobli en 1646 et non conservé depuis la révocation des anoblissements.

BLANCART, sr d'AGNI *(r)*

Pour n'avoir rapporté les minutes des actes incriminés.

BAUVIÈRES, sr de BLUMÉRÉ *(r)*

Même observation.

DU BOIS, à Villiers-au-Bois *(r)*

Dérogeance sur dérogeance.

BOUCHERAT *(m)*

BALATIER *(m)*

BUSSY, sr d'AGNY

Je lui ai dit de chercher quelques preuves établissant

que Nicolas Ier fut fils de Henri, la filiation n'étant démontrée que de 1605.

BOUZONVILLE

Maintenu après examens sur inscription en faux contre trois actes. Condamné aux dépens de l'interlocutoire.

BAUSSANCOURT (m)

Le traitant les fait sortir d'Etienne, notaire à Troyes en 1497.

BÉTHOULAT (m)
LA BARGE (m)
BALLIDART (m)
BATAILLE (m)
DU BOURG (m)

Issu d'un frère du chancelier.

BOUTILLAC (m)
BEUVRI, s^r de Beaunon, à Suisy, et s^r de Vélye (r)

N'a pas produit pièces à la place des actes faux : a déclaré que les titres avoient été brûlés à Reims après la contagion, en aérant la maison.

BOURNONVILLE (m)
DE BERLE (m)
BRIDOT (m)
BELOI (m)
BEAUVAIS (m)

Il y a eu inscription de faux contre trois actes inutiles.

LE BOULEUR (*m*)

BEAUVAU (*m*)

BRUCHÉ, à Plancy et à Sézanne

Renvoyé au Conseil.

BRUNETEAU

Condamné avec 400 liv. d'amende. Reconnu après pourvoi par arrêt du Conseil.

DE BEURVILLE

Chevalier de S. Michel. — Délai de deux mois pour prouver devant les chevaliers de l'Ordre.

BOULOGNE, sr de Bellée (*r*)

Pour ne pas avoir fourni ses pièces après délai accordé.

BRISTEL (*m*)

LA BERQUERIE (*m*)

BEAULIEU, sr de Vaudois

Leur nom est Le Beau, demeurant à Beaulieu, en la paroisse de Germigny, en 1552, ont quitté leur nom.

LE BLANC, sr de Carlon

DE BEUF (*r*)

N'a pas produit les pièces réclamées, mais leur cousin, sr de Chambaras, eut la tête tranchée comme noble après preuves faites en Parlement en 166... *(sic)*.

BORNE, sr d'Antenay (*r*)

Pièces de 1550 et 1554 reconnues fausses.

BALAINES (*m*)

BEAUFORT (*m*)

BEAUREPAIRE (*m*)

BRULART (*m*)

BAZIN (*m*)

BROTEL (*m*)

DE BAR, sʳ d'ALIGNEVILLE (*r*)

Ayeul anobli en Lorraine en 1590 : déclara ne vouloir
se servir de cet anoblissement qu'en Lorraine. Armes :
D'azur à la face d'argent chargée de trois croix recroiset-
tées au pied fiché de gueules, accompagnée de trois
besans d'or.

DE BAURE (*m*)

Preuves assez faibles.

BESMAND (*m*)

Ayeul anobli par Charles-Quint : son fils naturalisé
français en 1597.

BAUDA (*m*)

Anobli.

BRABANT (*m*)

BROSSARD, sʳ de la BROSSE (*r*)

Preuves fausses.

DE BURI, sʳ de la CHAISE (*r*)

Issu de Nicolas, légitimé en 1503 de Claude, sans qualité. Pièces fausses.

BEAUJEU (*m*)

BRISEUR (*m*)

BLONDEAU (*m*)

Petite noblesse. Point de terres, point d'alliances, point de services, peu de titres.

BONNILLE (*m*)

LA BARRE, sʳ de Baillicour (*r*)

Pièces fausses.

BEAUMONT (*m*)

Bonnes preuves.

BOUCHER (*m*)

BOULONGNE (*m*)

BAUDIER (*m*)

DES BORDES (*r*)

Pièces reconnues fausses jusqu'en 1595.

BEZANNES (*m*)

BOUBERS (*m*)

BENOIST (*m*)

BACHELIER (*m*)

Fils de secrétaire du Roi.

CLIVIER, sʳ des Champs (*r*)

Contrat de 1545, faux.

LE CHAT (*m*)

CLÉMENT (*m*)

Réassigné ensuite pour dérogeance à cause d'un bail de dimes.

DE CROIX, sʳ de Dommes

C'est un Hannuyer, naturalisé qui a obtenu arrêt du Conseil, du temps de Rousseau, le déchargeant de la recherche. — Renvoi au Conseil.

DES CHAMPS (*m*)

COUSSY, sʳ de Dogny, à Bisseuil et Tours-s-Marne (*m*)

COUCY-POILCOURT

Issu de Jean, aumônier de François Iᵉʳ. Preuves à fournir. J'ai laissé son affaire sans la juger. — (Plusieurs lignes raturées.)

CLIQUET, sʳ de Flamanville (*r*)

Se disent des Flamanville de Normandie : l'ayeul a été anobli par le prince de Conti comme prince de Château-Regnault où il demeuroit.

CANTELEU (*r*)

Amende de 5o liv. Dérogeance pour avoir tenu cabaret et vendu du vin à pot de son cru et d'autre.

DE CANTRE, sʳ de Jardin (*r*)

A dit ses titres chez un ami en Poitou : délai de cinq mois pendant lesquels il n'a rien produit.

CHOISI (*m*)

COSSON, sʳ de la Croix (r)

Pièces fausses. Amende de 1,000 liv. — Ajournement contre le notaire qui a porté les minutes au greffe.

CHARPENTIER

Anobli en 1667.

DE CLERGEANT, sʳ de Roquebrune (r)

Délai pour produire ses pièces : n'a pas produit.

DES COLINES, à Bisseuil (m)

CORDELIER (m)

Il n'est pas parent du lieutenant-général du siège de Sézanne reconnu roturier.

CABARET (m)

Depuis renvoyé au Conseil pour dérogeance postérieure.

DE CUGNON (m)

LE COURTOIS (m)

COLLIGNON (m)

COLET (m)

Les originaux ont été représentés devant moi qui les ai collationné en vertu d'un arrêt du Conseil me commettant à ce. — (C'est feu M. de Caumartin l'Intendant qui parle).

CONDÉ (m)

LE CLERC, bailli de Méry, à Athis (r)

Pièces fausses. Amende de 200 liv.

DE CASTRES (*m*)

CAGNOLLES, sr de Touilli (*r*)

Amende de 1,5oo liv. Le premier titre ne date que de 1602.

CHARTONGNE (*m*)

CHAMPAGNE (*m*)

COMITIN (*m*)

Il est dit dans quelques titres qu'il étoit de Syracuse et qu'il avoit fait venir les preuves de sa noblesse à l'occasion d'un duel pour faire voir qu'il étoit homme de qualité.

CHANTELOU (*m*)

DES CHAMPS, sr de Brechainville (*r*)

N'a pas produit après un délai accordé d'un mois.

DE COUSTRE, sr de Mourial (*r*)

Pièces fausses. Pas de vraies avant 1604.

LE CERF (*m*)

LE CERF (*m*)

LA CROIX (*m*)

LA CHEVARDIÈRE (*m*)

CHERTEMPS (*m*)

CHAPELAIN de La Fontaine (*r*)

Déclaré roturier par arrêt du Conseil. — Claude avoit prouvé son père, Pierre ; son ayeul, Pierre, conseiller au baillage de Vitry ; son bisayeul, Pierre, écuyer, archer du duc d'Aumale, son valet de chambre en 1551, capitaine de Pontarlier en 1556 et de Nogent-le-Roi.

CORDON (m)

Attendu que la qualité d'écuyer est establie pendant 200 ans avant celle de noble homme,

CONSTANT (m)

LE COTHONNIER (m)

CHAUMONT (m)

CHABUT, à Langres

Renvoyé au Conseil. On ne rapporte la qualité d'écuyer que dans deux sentences où il est prévôt de Langres et dans le procès-verbal de la coutume de Sens où il est entre les nobles : insuffisance.

COIFFART (m)

LE CHOISELAT, à Sézanne (r)

N'a produit qu'une sentence des Elus de Sézanne de 1583, donnée sur copies de titres.

CHANDON, sr de Briailles (m)

CHAMPIGNY (m)

CLERGET (r)

Déclaré roturier après production de titres.

CHAVAGNAC (m)

CLAVARIOT (r)

Ayeul lombard naturalisé : n'a pas produit après délai.

CULANT (m)

Le premier de la généalogie appelé Guillaume avoit épousé Marie Doucires, ce qui ne paraît pas par les titres, mais on l'avoit ainsi articulé dans la généalogie. Depuis

La Sablière, maître de la musique du duc d'Orléans, ayant soutenu que le fils de celui-là n'étoit pas noble, parce que Guillaume étoit commissaire au Châtelet et fermier, suivant un bail où ladite Doucires s'étoit obligée, le s^r de Culant me fit prier de souffrir qu'il fit réimprimer sa généalogie pour en ôter cette femme. Après quoi il soutint que ce Guillaume n'étoit pas de sa famille. La Sablière n'ayant pas de titre pour prouver, M. de Culant fut reconnu noble. Je crus devoir lui faire ce plaisir et qu'il n'étoit pas juste qu'on déshonorât une famille comptant sept chevaliers de Malte.

LE CLERC, s^r de Buisson, à Saint-Dizier (r)

Aucun titre authentique : contrat de mariage de 1552 faux, puisque le fils des conjoints est marié en 1573.

CAUSA (*m*)

Après renvoi au Conseil : ne prouvoit que de 1575, mais le père et l'ayeul tués au service.

COLET, s^r du Quesnois

Renvoi au Conseil. Il y a un arrêt de Dousseau.

CAHIER (*m*)

CAUMONT (*m*)

CAUCHON (*m*)

CHOISEUL (*m*)

CONFLANS (*m*)

CHATENOY (*m*)

DES CHAMPS, Mis de Marville (*m*)

CHAMPIGNI (*m*)

CUSSIGNY (*m*)

CAMUS

Produire le contrat de 1553 pour être soumis aux experts.

COCKBORN (*m*)

CONTET, sr d'AULNAY (*m*)

Après relief de dérogeance.

CHAMISSO (*m*)

CHALLEMAISON (*m*)

CHINOIR (*m*)

CUISSOTTE (*m*)

DU DRÉ, sr de BREUIL (*r*)

Condamné après 15 jours de délai accordé : 200 livres amende.

LE DUC, sr de COMPERTRIX (*r*)

Maintenu depuis.

DENIS (*m*)

LE DANOIS (*m*)

DAMPIERRE (*m*)

DEDUICT (*m*)

Après rejet faute de pièces et amende de 200 liv.

LE DUIS, sr de la FONTAINE

Déclaré roturier. Anobli en 1650, confirmé 19 mai 1663.

DORLODOT (r)

Après concession d'un délai de quinzaine : amende de 200 liv.

DONCOURT (m)

DAMOISEAU (m)

DESPAUTE

Fils d'un Trésorier de France, mais ne produit pas son acte de naissance, renvoi au Conseil.

DROUOT, sʳ du GRAND BOIS D'OR (r)

Amende de 200 liv. Noblesse de ventre du Barrois.

DE DALLES (m)

DROUART (m)

DE RAVIGNAN (m)

DIDIÈRE

Anobli en 1657.

DAVY (m)

DOULCET (m)

DOGIER, sʳ de l'ENCLOS (r)

DALLENONCOURT, sʳ de S. GERMAIN (r)

Titre de 1550 falsifié par addition de cette date qui n'existe pas sur la minute : les autres suspects.

LE DIEU

Renvoi au Conseil.

LE FLORIGNIER (*m*)

Après inscription en faux, les minutes ont été produites.

DES FORGES (*m*)

DU FAY (*m*)

Le véritable nom est Fay d'Athies par substitution d'un
archevêque de Besançon.

D'ECMÉ (*m*)

Actes de 1506 et 1557 faux. A obtenu du Roi dispense
de la rigueur des preuves, en considération de ses services,
après condamnation comme roturier.

D'ESTIVAUX (*m*)

DES AYVELLES (*m*)

Les titres antérieurs à 1542 paraissent faux.

ESPINOY (*m*)

D'ESCANNEVELLES, sr de S. Pierre (*m*)

D'ESCANNEVELLES (aux Coquilles), sr de Coucy (*m*)

L'ESCUYER (*m*)

Maintenu après avoir été déclaré roturier pour actes
faux : a rapporté beaucoup de services et de titres depuis
1561.

L'EVÊQUE, sr de la Cour, à Chaource (*r*)

Pièces fausses : délai accordé de quinze jours.

ERNÉCOURT (*m*)

ELTOUF (*m*)

D'ESCANNEVELLE, s^r de Pouilly (*m*

DE FOUGÈRES (*m*)

Noblesse de Provence : il y a eu un curé du Grand-Saint-Hillier qui les a établi en Champagne.

FAILLY (trois branches) (*m*)

FERRET (*m*)

FERMONT (*m*)

LE FAURE, s^r de S. Orange

Anobli.

FAY, s^r de Poligny (*m*)

FUMEL (*r*)

Avant de faire droit, produire les originaux ou copies collationnées devant Mre Pelot, le Procureur du Roi et Duret, à savoir le contrat de 1463, le testament de 1489, le contrat de 1529 à produire : plus justifier que le produisant descend de Charles de Fumel dénommé en ce dernier. — Délai de trois mois. — Soupçon de bâtardise. Sentence de l'Election de Vitry en 1600 dans laquelle il est déclaré roturier faute de production. — Le demandeur allègue estre anobli pour dix ans de services, estre d'Agenois de noble maison : il est maintenu.

FLAVIGNY

Se dit issu des Ernansart : sort de Guise : j'ai plusieurs de leurs anoblissements dans les mains.

(Note de d'Hozier).

FOUQUET (*m*)

Après ajournement.

LA FOLIE (*m*)

Mais amende parce que toutes les pièces de la première production étoient fausses.

DU FRESNEAU (*m*)
FÉCHAUT (*m*)

Après inscription de faux.

FOURAIRE

Renvoi au Conseil. Anoblissement de 1581 en Lorraine.

LE FEBVRE (trois familles) (*m*)
FUST (*m*)
FAY de FELIGNY (*m*)

Se nomme de Fay, mais depuis le mariage avec l'héritière de Feligny en 1504, on a pris ce nom.

DE FRANCE (*m*)
LA FERTÉ

Procureur du Roi à Troyes. Voir les minutes.

FOURAULT, sr du CHASTELET (*m*)

Deux familles.

DU FAI, sr de VERNEUIL

Voir les minutes, les actes produits étant suspects : si le contrat de 1572 qui établit la filiation de Antoine est bon, la noblesse sera bonne.

DE FRESNE (*m*)
FILLETTE (*m*)

DE FAUGE

Renvoi au Conseil.

FLEURI, bailli de Nogent

Délai de quinze jours. Pièces incriminées de falsification.

FELOIX, sr de Beaulieu (r)

Pièces fausses.

FAUTREY (r)

Pièces fausses.

LA FITTE-PELAPORT (m)
LE FEBVRE, sr de Maurepas (r)

Faute de justification.

LA FONTAINE (m)
FEUGRÉE

Anobli.

FINFE, sr de la Grangette (r)

Pièces fausses visiblement avant celles de 1551.

LA GRANGE (m)
GUILLAUME

Anobli.

GADOUOT

Anobli.

GALANDOT (m)

GILLOT (m)

GRATAIZ, sr de S. Julien (r)

Se dit issu d'un frère de la Pucelle. Pas de preuves.

GEPS

A relever de dérogeance, mais noblesse réelle.

GRUTUS (m)

Pièces incriminées de faux : depuis a fait production nouvelle qui établit assez la filiation, mais ce sont copies collationnées. A exprès produit les minutes.

GRUIS (m)

Après un délai de deux mois pour produire : pièces faibles.

GUILLEMIN (m)

GODET (m)

GRAFFEUIL (m)

Filiation assez mal prouvée.

GUENICHON (m)

Depuis réassigné pour dérogeance : plusieurs pièces fausses.

DE GUINES (m)

GAALON (m)

Après inscription de faux : pour les quatre premiers degrés, il n'y a que des pièces collationnées en 1626 en Normandie.

GRAILLET de BEINE

Ne commence qu'en 1576 : déclaré roturier, puis maintenue sur production de nouveaux actes.

GUÉRIN, sr de POISIEUX (m)

Prouve fort bien depuis 1521 : les alliances sont grandes.

GUÉRIN, sr de BEVILLIER, SAUVILLE, CHAMPVOICY, BRULARD (m)

GOGNÉ (m)

Après inscription de faux.

GOUTIÈRE, sr de MÉARAULX (r)

Issu d'un auteur anobli à Rome pour un livre de droit. Roturier en France et noble à Rome. Il eut des lettres du Roi lui permettant d'accepter sa patente sans adresse ni vérification.

LE GRAS (m)

DE GHELIN, à Vieux

Maintenu après première condamnation.

GONDRECOURT (m)

LE GORLIER (m)

Après renvoi au Conseil.

LE GOUX, sr de MAREIL

Renvoi au Conseil. La qualité d'écuyer ne commence qu'en 1582, celle de noble homme en 1513 : beaucoup de services.

GALOIS, sʳ de Rampont

Anobli en Barrois en 1519. Maintenu par arrèt du Conseil après condamnation. Le Procureur du Roi conclut que les ducs de Bar ne jouissoient des droits de régale et d'annoblir que par la concession de François Iᵉʳ en 1541, postérieurement à l'anoblissement des dits.

GIRAUD (r)

Titres de 1593. Condamné après quinze jours de délai.

GIMEL, à Serqueux (r)

Titres depuis 1566 seulement : issu d'un maître d'hôtel du baron de Clefmont.

LE GOIX (r)

Déclaré roturier après délai. — Production de nouvelles pièces : après appel au Conseil, j'ai persisté dans mon premier sentiment.

LE GOIX, sʳ de la Baulne (r)

Se hantait sur le précédent, sans droit d'ailleurs.

GORRON

Anobli en 1588 : domestique du cardinal de Bourbon. Et depuis ayant consulté Messieurs du Conseil je l'ay déclaré noble.

GUMERI (m)

Père et ayeul Gardes du corps du Roi.

DUGUET (m)

GROULART (m)

LA GRANGE (*m*)

De la maison du maréchal de Martigny. Il est arrière-oncle à la mode de Bretagne de la reine actuelle de Pologne.

(*Note de d'Hozier.*)

LE GENEVOIS (*m*)

Ils ont quitté en 1608 ce nom et ne portent plus que celui de Bligny.

DE GELÉE (*m*)
DES GRETZ (*m*)
GREFFIN (*m*)
LE GRAND (*m*)
GAUVILLE, sr d'ARNELLI (*r*)

Les pièces ne commencent qu'en 1557.

GOUJON (*m*)
GUÉRIN (*m*)

Après inscription de faux et délai de huitaine.

GIRAULT, de Langres

Dans les actes il n'y a que *noble personne* (1535).

GUILLEMIN

Production nouvelle : ordonne de remettre les pièces aux experts : autre pour fournir des reproches contre les experts.

HUOT, sr de la HÉRAUDE (*m*)

Après condamnation : la dépense nonobstant maintenue à sa charge.

HAUDOIN (*m*)

HAMES (*m*)

De la grande maison de Hames (des comtes de Guines), mais apparemment bastards et alors n'en seroient pas.

(*Note de d'Hozier.*)

D'HOLLIER, sᵣ de la Coste.

Déclaré roturier, puis maintenu par arrêt du Conseil à cause de ses services.

HÉRAUT (*m*)

HERMANT (*m*)

HENNEQUIN, sᵣ de Meri (*r*)

Titre de 1581. — Allègue que ses titres ont disparu dans le pillage de sa maison près de Rocroy : ne peut prouver sa jonction avec les Hennequin.

HARLUS (*m*)

HÉRISSON (*m*)

HAUDRESSON (*m*)

HAUDENGER (*m*)

DU HAMEL (*m*)

L'HOSTE (*m*)

L'HOSPITAL (*m*)

Fort bonnes preuves.

HEZECQUES (*m*)

Bonne maison : belles preuves.

HELMESTAT, sᵣ d'Ourche en Chaumontois

Sa femme seule produit des pièces de noblesse allemande : délai d'un mois et ayant produit je l'ai jugé noble.

HÉMERY

Anobli de 1593 : renvoi au Conseil.

HÉDOUVILLE (*m*)
DU HOUX (*m*)
HENAULT (*m*)

Petite noblesse de titres et de biens.

HUMBELOT, sr de Serqueux

Anoblissement en Barrois de 1564, confirmé en 1661 par le Roi.

HEUDÉ (*m*)
HOUDAN, sr de la Cressonnière (*m*)
HOUDAN, sr de Villeneuve (*r*)

Après un délai de quinze jours.

HENNIN-LIÉTARD (*m*)
HUEY (*m*)
DU HAN (*m*)
HOUDREVILLE (*m*)
JOLI, sr des Aunois (*r*)

Médecin. Pas de pièces authentiques et celles mêmes produites ne remontent qu'à 1576.

JOIBERT, sr d'Aunoi (*m*)

Marie Lignage, veuve de Michel de Joybert, tutrice de Claude, son fils : cette preuve est fort bonne et bien éta-

blie depuis 1465. — Depuis renvoi au Conseil pour dérogeance.

IVORI (m)

JUIGNÉ (m)

L'origine est fort bonne, et les alliances, mais depuis
1500 jusqu'en 1613, il n'y a de qualité que noble homme.

JOYEUSE (m)

INVILLE (m)

KARANDEFFEZ (m)

DU LAC VIVIERS, sr de Bolens (r)

LANGAULT (m)

LEIGNER (deux branches) (m)

Petite noblesse : pas un titre de famille avant 1560. La
seconde branche reconnue parente, mais trop pauvre pour
pouvoir faire la dépense des actes nécessaires. Cependant
ont produit depuis de bonnes pièces.

LANDREVILLE, sr du Ballai (r)

Après inscription de faux non relevée.

LE LIEUR (m)

LESPINACE (m)

LIGNAGE, srs de S. Marc, Marson, Morains (m)

Réassignés le 20 janvier 1670, déclarés roturiers comme
issus de marchands drappiers de Châlons et avons donc
rapporté notre jugement à l'égard de Ignace, Nicolas,
Cosme, François, srs de Saint-Marc ; Jean-Nicolas, sr de
Morains, et Claude, sr de Marson.

LAIGLE (*m*)

LESCARNELOT (*m*)

LIBORON (*m*)

LOBLIGEOIS, à Saint-Ouen (*r*)

DU LION (*m*)

Malgré pièces jugées fausses.

LIGOT (*m*)

LIGNY (*m*)

De Poitou, établi depuis 1606 entre Reims et Châlons

LENHARÉ (*m*)

DE LAISTRÉ (*m*)

Les titres du premier degré suspects.

DES LAIRES (*m*)

LEIRIS, à Epernay (*r*)

1,200 livres d'amende.

LONGUEAU (*m*)

LAUNOI (*m*)

LIBEAUDIER (*m*)

Variété de nom : les uns le nomme d'Allibeaudière, les autres de Libaudière.

LANTAGE (*m*)

DU LORRAIN (*r*)

Pièces jugées fausses.

LOCART (*m*)

A Charmois, après pièces incriminées.

LESTRAC (*m*)
LA LOYAUTÉ (*r*)

Pièces fausses.

LIGNEVILLE (*m*)
LUILLIER (*m*)
LE LONG

Renvoi au Conseil : pièces incriminées de faux : fils d'un Trésorier de France.

LONGEVILLE LE ROY (*m*)

Se disent issus de Guillaume Le Roy, sʳ de Chape, Viapre, etc. Maintenus après délai pour produire des pièces.

LUXEMBOURG sʳ de la Chapelle

Renvoi au Conseil. Beaucoup de services.

LIVRON (*m*)
MOET (*m*)

Anobli en 1446. Après réponse à l'interlocutoire : certaines choses suspectes dans la branche du procureur du Roy d'Epernay.

MAHUET

Renvoi au Conseil : anobli en Lorraine en 1599 pour finances.

LA MARE (*m*)

MINETTE (*m*)

Après inscription en faux contre les actes de 1519, 1549, 1563, etc. : sentence du prévôt de Vitry de 1556 où il y est partout ajouté : *de.*

MOREAU, sʳ de Sainte-Livière (*r*)

Après jugement des pièces fausses.

MAIZIERES (*m*)

Preuves assez faibles de 1499 à 1516.

MERTRUS (*m*)

La filiation n'est prouvée que depuis Jean II.

MAUBEUGE (*m*)
MICHELET, sʳ de Bodonvilliers (*r*)

Amende de 400 livres.

MIREMONT (*m*)
MARCHEVILLE (*m*)
MALVAL (*m*)
MEYEL (*m*)
MOLÉ (*m*)
MARISY (*m*)
MACART, sʳ de la Rincelle, à Halancourt (*r*)

Amende de 200 livres.

MARTIGNY (*m*)
MONTBY, à Villecourt (*r*)

Amende de 100 livres.

MARGUENAT (*m*)

Après condamnation.

MAUROY, sʳ de Malmont (*r*)

Le mot écuyer sur le titre de 1559 est évidemment surchargé. Je n'ai trouvé l'aport valable.

MUSSAN (*m*)

Après inscription en faux contre les pièces les plus anciennes.

DU MESNIL, sʳ du Petit-Mesnil (*m*)

Mais François, sʳ dudit, fut déclaré roturier n'ayant pas rapporté la minute de l'acte établissant sa filiation.

DU MONARD (*m*)

De la Marche, établi à Ville-Franqueux en 1602.

DU MARC (*m*)

Plusieurs pièces fausses : pas de biens, d'alliances et de services.

LA MOTTE, sʳ de Braux-le-Comte (*m*)
LA MOTTE, à Aunay (*m*)

Gens très-pauvres et qui mériteraient d'être oubliés.

MONTGUION (*m*)

Après rejet faute de pièces, auxquelles suppléa la production devant Duret.

MASSON

Pièces fausses : jugé refusé. Depuis le Roi a fait grâce et l'a déclaré noble.

MOSSERON (m)
MÉDARD (m)

Anobli de Lorraine en 1564.

DU MONT (r)

Après délai.

DE MOUCEAUX ou MONCEAUX (m)
MONTANGON (m)

Très-bonnes preuves.

MONSPOIX, sr de Courjean (r)
MISERAT (m)
MARTIN de Choisey (m)
MIRE (m)
MANCE (m)
MARTINEAU, à Brienne

Renvoi au Conseil.

MAUCLERC (r)

Pièces reconnues fausses.

MOREAU (r) — *(Voir ci-dessus)*

Il a fait rapporter la minute de la transaction de 1603 par Chantereau, tabellion de Jaugé : comme la fausseté me parut toute visible, je le fis arrêter et interroger. Il dit que la grosse lui avait été donnée par Hugot, héritier du notaire; sur quoy ayant fait représenter Hugot et Chantereau, ils lui ont dit que cette pièce avoit été près de six semaines entre les mains de Moreau : ajournement personnel contre Moreau : rapport d'experts jugeant les pièces fausses. Moreau condamné à 300 livres d'amende : sera plus amplement informé contre Chantereau : Hugot absent.

LA MOTTE, sr d'Ysault

Renvoi au Conseil.

MION (*m*)
MEURS (*m*)
MECQUENEM

Pas de titres de naturalisation : venu d'Allemagne en 1575.

MONRO, sr de Fromentières

Ecossais. Renvoi au Conseil.

DE S. MOREL de Monteval

Anobli de 1655.

MAILLOT, sr de Jevoncourt (*r*)

Anoblissement lorrain jugé faux.

MAUJON (*m*)
MAILLARD (*m*)
MONTARBY (*m*)

MONCRIF (*m*)

MILET, s^r de Pragny

De la Cour des Comptes de Dijon. Renvoi au Conseil.

MELIN (*m*)

MAILLY (*m*)

Après pièces originales produites [1].

DU MENGIN, s^r de L'Isle (*r*)

Par jugement contradictoire : pièces fausses.

DE MESMEIZE, président à Mortier (*m*)

DE MAUGER (*r*)

MATHÉ (*m*)

Après renvoi au Conseil.

MICHELET, s^r de Bandonvilliers

Déclaré roturier après renvoi du Conseil à moi : neuf pièces fausses.

MERCIER, s^r d'Aubonne

Renvoi au Conseil.

MORILLON (*m*)

MALCLER (*m*)

---

1. Rétention : les passer si le marquis de Mailly les recognoit.

DE NOUE (*m*)

NOVION (*m*)

LA NOUE (trois familles) (*m*)

NOIREFONTAINE (trois branches) *(m)*

LE NOIR (*r*)

Les titres ne datent que de 1582. Amende de 200 liv.

DES NOYERS (*m*)

Les actes sont de petite conséquence.

NOGENT (*m*)

NETTANCOURT (*m*)

DE NIGER (*m*)

DE NOEL, sr de Buchières

Sursis de quinze jours pour prouver le relief de la dérogeance.

NUISEMENT, sr de Dommartin-la-Planchette (*m*)

NEVELET, sr d'Osches

Renvoi au Conseil. Fils et petit-fils de Trésoriers de France, mais il est prouvé que Pierre Nevelet qui avoit épousé Simonne Molé étoit marchand à Troyes.

(Note de d'Hozier).

D'ORTHES (*m*)

D'OISY, sr de Boisneuf (*m*)

Par arrêt du Conseil, après avoir été condamné à 3ool. d'amende.

ORGE (*m*)

ORJAULT (*m*)

OLIVIER

Anoblissement en Lorraine. Renvoi au Conseil pour savoir si le Roi a révoqué ces anoblissements.

D'ORIGNY (Claude et Samuel) (*m*)

Il y a des services.

D'ORIGNY, sr de Vaux, Elu à Vitry

Renvoi au Conseil. N'a pas preuves qu'il se rattachât aux précédents. — Production nouvelle au Conseil sur laquelle nous avons estimé que ledit Louis n'étoit pas noble.

OREY, baron de Bolandre (*m*)

ORIOCOURT (*m*)

Ils portent les armes de Châtillon avec un chef chargé d'un lion de sable.

ORBINOT, sr de Blumeré (*r*)

Les preuves commencent à 1579 par une sentence des Elus de Bar-sur-Aube donnée par défaut.

L'ORMEAU, sr de Falourdel (*r*)

Simple soldat : preuve de 1570.

PASQUIER (*m*)

PICART, sr de Flavigny (*m*)

Après condamnation pour contrats faux de 1523 à 1545.

PONSORT, sʳ de Vaux (r)

Amende 200 liv. La filiation n'est prouvée que par une enquête de 1636 et des ouï-dire depuis 1579[1].

PASTÉ (r)

Au Champ des Chèvres (Epernay).

PELLART (m)

Preuves depuis 1458 devant M. de Machaut.

POUILLI (m)

Pièces bien en forme que de 1561.

PETIT, sʳ de la Vaux (m)

Par arrêt du Conseil du 3 juin 1669. Après renvoi au Conseil, par la faveur de M. du Metz, frère de Marie Berbier, femme de Claude Petit de la Vaulx. Il y a sept actes incriminés.   *(Note de d'Hozier)*.

PETIT, sʳ de la Frette, à Langres (r)

Aucune preuve.

PONSART (Moïse de) (r)

Pièces jugées fausses : délai de 15 jours : amende 150 liv.

PAVANT (m)

Semble donner preuves suffisantes de la jonction avec les Pavant.

---

1. A été maintenu par Larcher en 1697.

LE PAULE, sʳ des Bouleaux (r)

PAILLOT, sʳ de la Chapelle-Saint-Luc (r)

PORTEBIZE (m)

PICOT, marquis de Dampierre (m)

PAILLET, sʳ de la Motte (m)

Avec son frère. Petite noblesse.

LE PAGE (r)

1,000 liv. d'amende contre les deux frères.

PICOT, sʳ de Meurs (m)

PICOT, sʳ de Beauvais (m)

PAPILLON, sʳ de Couvron (m)

Puis réassigné pour dérogeance.

PORCHER (m)

PITHOU (m)

En 1574, Claude Pithou, marchand à Troyes.

PIEDEFER, sʳ de S. Marc (m)

DU PUIS (m)

PAMPELUNE (m)

POPIN, sʳ des Boqueteaux, à Tours-sur-Marne (r)
(Nulle mention).

DE LA PIERRE, sʳ de la Tour, à Cuchery

Moyens de faux reconnus admissibles. Mort pendant l'instance.

POIRESSON (*m*)

PAYEN (*m*)

PALLUAU (*m*)

PARCHAPPE (*m*)

Anobli en 1592. Maintenu après relief de dérogeance.

DE PONS (*m*)

PINTEREAU, s^r de Boislisle

Anoblissement réservé.

PILLOIS (*m*)

Noblesse ancienne, sans services ni dignités.

PÉRIGNON, s^r de Germonville (*r*)

PEVET, s^r de Subligny

Conseiller à Chaumont, reconnu après enquête sur titres depuis 1529. J'ai su depuis que ces titres sont faux.

(Note de d'Hozier).

PROSPE, s^r de Cresnai (*m*)

PARIS (*m*)

LA PLANQUE, s^r de Bouru (*m*)

Après condamnation.

LA PLACE (*m*)

POINTE (*m*)

PICART, s^r de Fulaine (*r*)

Pièces jugées fausses.

DU PONT, sʳ de Nuisement (*m*)

LA PERRIÈRE, sʳ de Vaux (*r*)

Pièces jugées fausses.

LE PICART, sʳ d'Ascourt (*m*)

Anobli en 1588.

DU PIN, à Sainte-Ménehould (*m*)

Par arrêt du Conseil quoique ne prouvant que depuis 1595 : le traitant voulait s'inscrire même contre cet acte.

DES PREZ (*m*)

Après condamnation par défaut : ministre protestant à Chaltrait : du Chablais, naturalisation de 1608.

LE PERRY (*m*)

Ils n'ont que ce qu'il leur faut.

PINTEVILLE (*m*)

Le bisayeul notaire à Châlons et procureur du Roy en l'Election : ses fils vendirent la charge et prirent relief de dérogeance. L'autre branche est issue du frère du notaire[1].

LE PICART, sʳ de Sevigny (*m*)

QUANTEAL (*m*)

Médecin issu d'un médecin de Philippe-le-Bon, duc de Bourgogne, anobli par lui.

---

1. Appréciation réellement inexacte. Cette famille remonte authentiquement à Culet de Pinteville, seigneur de Bussy, originaire du Verdunois, mort avant 1505. — (E. de B.)

QUINOT (*m*)

LA ROCHE, s^r de Sainte-Marie

Contrat de 1559 en encre fort rouge et fort suspect de faux, laissé là sans juger.   (*Note de d'Hozier*)

RAGUIER, baron de Poussé (*m*)

Le testament de Louis, évêque de Troyes en 1485 ne donne à son père que la qualité de maître.

RENART, s^r des Angles, à Rumigny

Renvoi au Conseil. Deux actes présumés faux de 1584 : il y a plusieurs arrêts de la Cour des Aides pour et contre la noblesse de ces gens-cy.

RENART de Furstemberg (*m*)

RAULET (*m*)

RAVAUX

Anobli.

ROUVAULT (*m*)

ROMMECOURT (*m*)

RICHELET (*m*)

LE ROBERT (*m*)

REMONT (*m*)

Amende de 600 liv. pour dérogeance.

RÉANCE (*m*)

RAIMBERT, s^r de Touilly (*r*)

Appel formé : renvoi au Conseil avec jouissance de la noblesse en attendant.

RAVENEL (*m*)

Nota : Christophe a épousé une Bussu et non Bussy, comme c'est imprimé.

RENTI (*m*)

LA ROVERE (*m*)

ROCHEREAU (*m*)

RAVIGNAN (*m*)

ROUVOIRE (*m*)

LA RAMA (*m*)

Après justification et avoir été déclaré roturier.

RACINE, s^r de Forgerac (*m*)

Après condamnation.

ROSIERE (*m*)

RAINCOURT (*m*)

DES REAUX (*m*)

LA RUE (*m*)

ROUCI (*m*)

ROUGEMONT (*m*)

LA ROCHETTE (*m*)

RAGON, s^r de Boinge, à Villeri (*r*)

ROBERT, s^r de Modigni (*r*)

S'ils ne produisent les minutes des pièces dont ils n'ont donné que des copies collationnées en Béarn.

RENAUT DES LANDES, comte de Vignory [1]

---

1. Maintenu en 1697 par Larcher.

LE ROI, s^r des Essarts

Titres de 1601. Renvoi au Conseil à cause de ses services.

LA RIVIÈRE (m)
RAMERU (m)

Après condamnation. Maintenu par jugement de M. de Caumartin à Chaalons du 4 février 1672, quoique la commission fut finie et le procès-verbal clos.

(Note de d'Hozier).

SANGLIER (m)
SALUSE (m)

Issu d'un bâtard d'un marquis de Saluces.

SOMPSOIS (m)

Inscription de faux : délai de trois mois : puis décidé de laisser là, vu la pauvreté bien attestée : puis preuves nouvelles suffisantes.

SERPES, s^r d'Escordal (m)
SACQUESPÉE (m)
SAHUGUET (m)
SAUX (m)

Ils se disent parent du maréchal de Baudricourt et ne se disent pas des Tavanes, quoiqu'ils portent les mêmes armes.

SAINT-QUENTIN (m)

Rien prouvé : bonnes alliances.

SAILLANS (*m*)

Bonne alliance.

LA SALLE (*r*)

Pièces fausses. Délai.

DES SAUX, sʳ de BALLAI (*m*)

SANDRAS (*m*)

Amende cependant de 100 liv. pour quelques falsifications.

SIMONNOT, sʳ de JAULX (*r*)

Amende. Il n'y a que des copies collationnées en 1634 de pièces passées en 1402 et 1452, depuis nulle filiation, mais seulement quelques enquestes de 1634.

SALSE, sʳ de ROCQUEVILLE (*r*)

SORNI (*m*)

Après sommation de produire minutes.

SAINT-VINCENT (*m*)

Très-bonne maison.

SONS (*m*)

SAULCIERES (*m*)

Se dit cadets des comtes de Rethel ; ne prouve que de 1534.

SAINT PRIVÉ (*m*)

Edme de S. Privé épousa en 1623 une paysanne de son village dont il avait des enfants qu'il légitima.

SAVIGNY (*m*)

SUGNY (*m*)

SAUVAGE (*r*)

Après renvoi du Conseil à M. de Caumartin qui constate contrat de 1546 faux.

SERAUCOURT (*m*)

SAINT-SAULIEU (*m*)

SOISSONS (*m*)

SOULAIN, s^r de Violaines (*m*)

Preuves très-faibles et très-minces et peu de services.

SAUVÉ, s^r de Courgereux (*r*)

Après délai de 15 jours.

SAINT-BLAIZE (*m*)

SOMMIEVRE (*m*)

SOUFFLIER (*m*)

SAINT-BELIN (*m*)

DU SART (*m*)

DE SAINT-REMY, à Châlons (*r*)

Fausses pièces (onze) de 1406 à 1573. Mort sans enfants légitimes.

SAINT-AVY, s^r d'Aiguesmortes (*m*)

Très-bonnes preuves.

SERNI, s^r de Rouvoy (*r*)

Aucun titre.

SIMONI, sᵣ de Germainville (*m*)

SIMONI, sᵣ de Roussières (*r*)

Ne prouve pas sa descendance de Claude, anobli en 1571 avec Henri son frère.

THOMASSIN (*m*)

Le contrat de 1521 fort suspect : preuves assurées de 1549.

TOURNEBULLE (*m*)

Origine écossaise douteuse. Il prouve depuis 1521 et il vrai qu'en 1560 Georges de Tournebulle était archer de la garde écossaise et que du temps de Henri II on n'en souffrait pas qui ne fut de cette nation ; mais depuis sa mort et la disgrâce de Mongommery, on commença à en mettre d'autres.

LA TAPIE, sᵣ de Balazé (*r*)

Après trois mois de délai : pièces falsifiées. C'est un bourgeois de Morlaas en Béarn : 300 livres d'amende.

LE TENNEUR

Renvoi au Conseil. Fils de secrétaire du Roi qui a vendu sa charge avant de mourir.

TERUELLES, sᵣ d'Estrepigny

Anobli. Autrefois trompette de M. de Turenne et depuis maréchal général des logis à l'armée.

TRUC (*m*)

TANNOIS (*m*)

Pièces fausses jusqu'en 1544 et néanmoins maintenu.

THELIN (*m*)

THIÉTRY, sʳ de S. Vaubert (*m*)

(Barbe Le Gros, sa femme), gentilhomme verrier.

LA TRANCHÉE (*m*)

TASSIN (*m*)

Très-petite noblesse.

DE LA TOUR (*m*)

A pris depuis 1530 le nom de Mogeville.

TANCE (*m*)

THOMAS (*r*)

Faute d'avoir satisfait à mon jugement. 150 liv. d'a-
mende.

TABOURET, sʳ de Crespi

Titres de 1578. Renvoi au Conseil à cause de services
nombreux. — Son frère, sʳ de Lorgères, condamné par
défaut.

TRISTAN DE MUIZON

Père anobli en 1651 : confirmation de 1667.

THOMAS DU VAL, à Grancei (*m*)

Du Val, nom de la mère. Petite noblesse.

TROUSSET, sʳ de Renoncourt (*m*)

Le père a été un mois secrétaire du Roi.

TRESTOMDAM (*m*)

DU TISSAC, sʳ de la Rochère (*m*)

Gentilhomme verrier.

DE VIGNOLLE (*m*)

VILLIERS DE L'ISLE-ADAM (*m*)

Preuves de 1530 : ne justifie pas jonction avec le grand maître de Malte.

DE VENNES

Anobli.

VASSIGNAC (*m*)

Après mise en demeure de produire des minutes.

VILLIERS (trois), sʳˢ de Barbaize, Baillia, La Tour

Renvoi au Conseil. M. Boucher les a reconnu malgré des actes faux.

VITEL, sʳ de Villemoyenne (*m*)

VITEL, sʳ de la Bande (*r*)

Le père, bourgeois de Troyes, amodiateur de la pitancerie de l'abbaye de Molesme : de la même race que le précédent.

LE VERGEUR (*m*)

VILLEMOR, à Troyes (*m*)

On dit l'ayeul notaire à Troyes.

VERNEUIL, sʳ d'Orconte (*m*)

Très-pauvre.

VIGNIER, sʳˢ des Riceys, Hautour, Champolain *(m)*

LA VIENNE *(m)*

DE VANOIS, sʳ d'Ourche *(m)*

Sur titres très-bons depuis 1382 après condamnation.

VUARIGNY *(m)*

Très-pauvre.

LA VERNE, sʳ de Corbeton (Langres)

Reconnu après renvoi au Conseil qui a eu égard à ce que l'ayeul a eu le col coupé pour Henri IV. Cet ayeul, nommé Jacques, anobli par Charles X à Soissons pour être demeuré à Dijon malgré la peste et avoir conservé la ville aux catholiques, fut vicomte de Dijon. — Son fils, Didier, correcteur à la Cour des Comptes obtint, en 1617, lettres de relief constatant que son père fut décapité pour avoir voulu remettre la ville à Henri IV.

VARISQUE *(m)*

VASSAN *(m)*

DU VEZIER, sʳ de Artilleau *(r)*

Amende de 300 liv.

VILLELONGUE *(m)*

VIGNACOURT *(m)*

DU VAL MORNAY *(m)*

DE VIENNE, lieutenant à Troyes *(m)*

DE VIENNE, sʳ de Presle *(m)*

Par arrêt du Conseil après condamnation.

DE VIENNE, sʳ d'Oᴜᴛʀᴇᴠᴀʟ (*m*)

DE VIENNE, sʳ de la Tᴜɪʟʟᴇʀɪᴇ (*m*)

Après condamnation.

VANDOMOIS (*r*)

Par jugement contradictoire avec 3oo liv. d'amende.

VILLEPROUVÉ (*m*)

DE VIENNE (*m*)

DE VEILLARD, sʳ d'Oscʜᴇ (*m*)

VERSINE (*m*).

Très-pauvre.

VIELS MAISONS (*m*)

VAUCLEROIS (*m*)

DU VAL DAMPIERRE (*m*)

Cette maison vient de Normandie, la prétendent d'origine écossaise, mais il n'en paraît rien par ce qui est produit.

DE VAIVRE (*m*)

VAUDREY (*m*)

DE VILLERS (*m*)

A abandonné depuis son nom de Varion.

LA VEFVE

Sentence des Elus de Chaalons de 1528 par laquelle il paraît qu'il a prouvé sa noblesse comme descendant par deux moyens d'une femme noble. — (Nᴏᴛᴀ. Que si on considère la rédaction des coutumes comme ayant estaint le privilège du ventre par l'opposition des nobles, celle de Chaalons n'a été rédigée qu'en 1556).

VERRIERE (m)

D'Y (m)

Maison de nom et d'armes, mais ceux qui portent ce nom aujourd'hui proviennent d'un notaire de S. Quentin.

EXTRAIT des condamnations rendues en 1667 et 1668, contre les usurpateurs des Titres de noblesse et d'escuyer, par Messire Louis-François Le Febvre de Caumartin, intendant de justice, au profit de Maistre Jacques Duvet, commis par Sa Majesté pour la recherche desdits usurpateurs [1].

CLIQUET, sr de Flamanville.

PASTÉ, à Suizy.

LE ROI, à Louvemont.

JACOBÉ, grenetier. — Elu à Vitry.

---

[1]. Cette liste n'implique nullement une origine roturière aux familles qui y sont inscrites, mais simplement la négligence des personnes citées à produire leurs pièces devant la Commission de la Recherche. Passé un délai fixé dans la citation, les commissaires condamnaient les défaillants sans examen. On remarquera, en effet, que la plupart de ces familles ont été postérieurement maintenues soit par les Intendants, soit par des arrêts du Conseil d'Etat. Plusieurs mêmes figurent dans la

REIBAULT, sr de Saint-Jean, à Roche.

OUDINOT, à Saint-Dizier.

DE LA ROBINIÈRE, à Champvoicy. — Déchargé en
    1667.

LEFEVRE, à Tavot (près Sézanne).

LE CORDELIER, à Sézanne. — Déchargé.

DE FAUTRAY, sr de Mornay.

BEAUGIER, à Châlons.

ROSNAY, sr de Marne.

DU BOIS, sr de Marson.

HENNEQUIN, veuve CLOZIER, sr de Juvigny.

LEFEVRE, sr de la Naux, à Vély.

DE NOEL, sr de Champfort (Epernay).

DU MOULIN, à Suizy.

D'ANGLAS, à Bailleux (Epernay).

---

recherche de M. de Caumartin. C'est dans tous les cas une nomen-
clature d'une importance incontestable pour l'état nobiliaire de
la Champagne.

Elle a été publiée par M. Alex. Assier, dans sa brochure
les *Nobles de la province de Champagne*, éditée à Paris
en 1874 chez Champion, d'après une copie du manuscrit que
nous avons retrouvé à la Bibliothèque nationale ; mais cette copie,
conservée à la Bibliothèque de Troyes, renferme une lacune
considérable ; en effet, M. Assier reproduit la liste sans cette
mention importante que les condamnations prononcées depuis
Viesse et Houssy, de Langres, jusqu'à de Vavray et Pernot, ont
été prononcées contradictoirement, c'est-à-dire définitivement et
sur examen des pièces ; tandis que toutes les autres l'ont été par
défaut, par conséquent sans rien impliquer de sérieux à l'encontre de la noblesse de ces familles. Cette distinction, comme on le
comprend, ne doit pas être passée sous silence.

NORTAT, à Troyes.

NIVELLE, à Troyes.

CHATILLON, à Bar-sur-Aube.

DE VANDOMOIS, sr de Maucreux (Epernay).

LE NOIR, sr de Vaucler, à la Chaussée.

SAVÉ, à Montmort.

DE REMONT.

DE LA PLANQUE, sr de Bourné (Epernay).

HENNEQUIN, président du grenier à sel de Châlons.

MAUCLERC, à Souain.

DES CARREAUX, sr de Roche (Epernay).

ROBIN, à Reims.

CAMUZAT, à Sézanne.

DE BRUNETEAU.

CORRARD, à Troyes.

DE RHEIMS, à Troyes.

DE LA CHASSE, à Troyes.

DE REMONT, à Troyes.

LE FÈVRE, sr de Chamblain, à Troyes.

BAILLET, à Troyes.

BARTON, à Troyes.

HOCQUART, lieutenant-criminel à Vitry.

JOTTIER, à Vitry.

DE BOISSONNEAU, à Chevigny.

DU BOIS, sr de Farémont.

DU BOIS, sr de Mutigny.

BILLET, sʳ de Fagnières.

DE BAR, sʳ de Vitry-la-Ville.

D'HALLIER, sʳ de la Coste, à Gesves, près Montfaucon.

DU BOIS, sʳ de Chevillon.

NOEL, sʳ de Voulzy.

BEAUGIER, à Châlons.

ROHAUT, sʳ de Lestrée, à Châlons.

LE GORLIER, à Châlons.

VIVRE, à Joinville.

DE RIMBERT, sʳ de Touilly (Reims).

DE BIEZ, sʳ de Saint-Martin (Epernay).

ROSNAY, sʳ de Villers.

DU MOLINET, à Châlons.

PERRIN, à Joinville.

DEDUICT, sʳ de Champguyon (Epernay).

PHILBERT GODET, à Châlons.

MACART, à Clamont (Epernay).

CANELLE, à Rethel.

GRASLIN, à Troyes.

LUCQUIER, à Troyes.

POTERAT, à Troyes.

HUSSÉ, à Troyes.

DOUÉ, à Troyes.

GALLIEN, à Troyes.

LE DUC, à Châlons.

HUITTIER, à Châlons.

MESTAYER, à Rethel.

GARGAM, à Châlons.

DENIS, à Troyes.

FERET, à Troyes.

DE CORBERON, à Troyes.

SERVAL, à Reims.

D'AMBLI, à Rethel.

DIDIER, à Rethel.

LARGENTIER, à Troyes.

DROUOT, à Reims.

MICHELET, à Reims.

CHOISELAT, à Sézanne.

D'ESPIES, sr de Saint-Gauche, à Reims.

BIDET, sr de Taille, à Reims.

MAUCLERC, sr du Plessis, Châlons (trois).

BONVARLET, sr des Orgières, Rethel.

GARGAM, sr de Saudron.

DE VEZIER, sr d'Artillet, Sézanne.

DE BOS, sr de Gandeloup, Reims.

DE PONSORT, sr d'Areux, Reims.

DE COSSON, sr de la Croix-Sainte-Mesme, Reims.

DE COSSON, à Beuil (Epernay).

DE BEUVRÉ, sr de Champvoicy (Epernay).

DE BEUVRÉ, sr de Velye.

DE BEUVRÉ, sr de Suizy.

DE LA PIERRE, à Bauchois, Reims.

BAROIS, sʳ de la Maraulx, Mont-de-Courville, Reims.

JACOB, sʳ d'Ogny, Reims.

TONGNART, à Sepi, Reims.

CADART, sʳ de Souain.

DE BERTHELEMI, sʳ de Chaumondel, à Montigny-sur-Vesle.

DU LORRAIN, à Souain.

DU CHEMIN, sʳ de la Billeterie, Sézanne.

DE LA ROCHE, à Tourteron.

DE HEUMONT, à Sauville, Rethel.

DE VIEUX-MAISON (Epernay).

COLLET, à Mesiere (Vitry).

VATEAU, veuve Picart de Flavigny.

LE GOIX de Saint-Basle, à Châlons.

CHOBLET, sʳ de Montiville, à Troyes.

DE MESLON, sʳ de Beaufort, Reims.

GRAILLET, sʳ de Beine et Mouchéri, Reims.

TIRANT, porteur de bois de la Chambre, Queudes.

CHAMPI, Sézanne.

DE BUISE, sʳ de Faucon, à S. Menge, Rethel.

DORLODOT, sʳ de Chasnoi, à Châtillon.

SIMONNOT, sʳ de Singli, de l'Isle.

DE LA PLACE, sʳ de Rougebois, à Saint-Martin-d'Ablois.

ROLLET, à Mezières.

MORIN, à Saint-Dizier.

DE MOMBÉ, sʳ de Frampas, à Voilecomte.

* VIESSE, à Langres.

DE HOUSSY, à Langres.

LE TONDEUR, à Langres.

DE LERREI, à Langres.

DE LOUVET, sr d'Artigny, à Langres.

PARISOT, lieutenant-civil à Langres.

CHAPELAIN, sr de la Fontaine, à Langres.

DE VENOIS, sr d'Ourchais, à Chaumont.

DE LORRAINE, président du présidial, à Chaumont.

DE LASTRE, à Chaumont.

OLIVIER, à Chaumont.

POTIER, à Chaumont.

CHAUBERT, à Troyes.

QUENESTE, à Troyes.

GILLES, à Beaufort (Bar-sur-Aube).

DE VAVRÉ, à Larzicourt.

CHESTIEN, à Bar-sur-Aube.

* PERNOT, à Beaufort.

FOREST, à Rameru.

DE MAUROY, à Troyes.

GARNIER, sr de Ternon, à Pierrefitte.

DAVID, à Pierrefitte.

DE LORGÈRE, à Forfelière.

SACQUENAY, à Gilley (Langres).

RAMIONT, à Langres.

GUILLOT, à Langres.

LE GENEVOIS, à Langres.

DE FROMONT, à Beze (Langres).

THIETRY, s^r de Saint-Vaubert, à Langres.

DE POINTES, s^r de Chaudenay, à Langres.

DE SAINTE-MARIE, à Brechainville (Chaumont).

SIREJEAN, à Renel.

DE COMBES, s^r marquis de Noncourt, à Chaumont.

DE GOUSSEZ, s^r de Blancheville, à Chaumont.

DE BRUSLÉS, à Saint-Germain (Chaumont).

LE GENDRE, s^r de Betoncourt, à Chaumont.

DE PLEUREUX, s^r de Sailli, à Chaumont.

BARAT, s^r d'Argi, à Martigny (Chaumont).

SAUVAGE, à Chaumont.

DE LECEY, Elu, à Chaumont.

DE FESCHIET, s^r de la Rameru, à Chaumont.

THIBAUT, à Chaumont.

DU PRÉ, prévôt de Bourbonne, à Chaumont.

DE LA TAPIE, s^r de Belaise, à Reims.

D'ORMI, s^r de la Tour, à Saint-Pierremont (Reims).

AUBERT, s^r de Jolivier, à Villeneuve (Troyes).

MOREAU, s^r de la Motte, à Passi (Troyes).

RAMERU, à Grieux (Chaumont).

JUILLET, s^r de Vigu, à Chaumont.

LE ROUX, s^r de Cherves, à Chaumont.

GAUTHIER, s^r de Marault, à Chaumont.

PERIGNOT, s^r de Germainville, à Chaumont.

DENIS, sʳ de Château-Brulé, à Bar-sur-Aube.

DE LA RAMA, sʳ de Vaudier, à Bar-sur-Aube.

GODFRIN, sʳ des Champs, à Saucourt (Vitry).

DE BEAUVIERES, à Villers-au-Bois (Vitry).

BLANCART, sʳ d'Agni, à Reims.

DE RACINE, sʳ de Forgerat, à Bar.

DE LONGEVILLE, veuve de Vital, à Chaource (Bar).

SAGEOT, sʳ de Brouziers, à Jantin (Troyes).

DE CHILLI, sʳ de Beauvais, à Vauvecourt (Chaumont).

DE BROUNET, à Badonvilliers (Chaumont).

DE MARANVILLE, à Saint-Martin (Chaumont).

DE BONNESTAT, sʳ de Bouron, à Bar.

DU MERGIÉ, à Nuisement (Bar).

DU PERREI, sʳ de la Garde, à Chaource (Bar).

PORLIER, à Buche (Bar).

DE GASTEL, à Arrentières (Bar).

DU ROCHER, sʳ des Barres, à Gié (Bar).

DE CAUSART, sʳ du Gré de Montigny, à Reims.

DE BEAUSIRE, sʳ de Berquigny, à Saint-Quentin (Reims).

DE RAMPES, sʳ de Robert, sʳ de Maudigny, au Châtelet (Reims).

DE NUISEMENT, sʳ de Dompmartin, à Fraillicourt (Reims).

DES MORTIERS, sʳ de Monchault, à Chilli (Reims).

DE BORDEAUX, sʳ de Chanavou, à Sarci (Reims).

DES PORTES, à Terrières (Reims).

DE SAINT-MARTIN, à Nouvi (Reims).

DE LUXEMBOURG, sr de la Chapelle, à Ballois, Rethel : bâtard de Luxembourg.

DORLODOT, aux Sars (Rethel).

DE VINCEGUERRE, à Poulangy (Langres).

D'ANGEVILLE, sr de Preux-Notre-Dame, à Troyes.

GAUTIER, sieur de Givry, à Saint-Mesmie (Troyes).

DE BIGNI, sr de Preverange, à Bar.

POTTIER, à la Josse (Bar).

DE BARI, à la Chaise (Bar).

DE MENISSIER, sr de Vaux, à Damblain (Vitry).

GAULARD à Vitry.,

DE LA TRANCHÉE, à S. Genis (Vitry).

GUICHARD, sr de Bignival, à Saint-Dizier.

RONAY, payeur royal, à Châlons.

BONNET, à Montigny (Langres).

LARGENTIER, veuve du Mont, à Flamericourt (Bar).

LE PAULE, sr de Boulins, à Troyes.

DE GEPS, sr de Linthelles, à Sézanne.

THOMAS, sr de S. Avrei, à Sainte-Poix (Sézanne).

DE LEIREI, sr de Richemont et Saint-Martin (Epernay).

GAILLARD, à Damery (Epernay).

SIFFET, à Châtillon (Epernay).

LEMPEREUR, à Chouilly (Epernay).

DU DIÉ, sr du Breuil, à Chambrecy (Epernay).

DE PORCHER, sr d'Ixerémont, à Epernay.

DOISY, à Yon (Epernay).

DE GRUTUS, sr de Boulin (Epernay).

DE SANDRAS, sr de Metz, à Reims (faux).

D'AILLI, sr de Martigni, à Montfaucon (Reims).

DE MONGUION, à Beffu (Reims).

DU GUET, à la Romagne (Reims).

LE MUET, à Novion (Rethel).

LE LARGE, coureur de vin de la Reine mère, à Joinville (Vitry).

DU BOIS, sr de S. Lumier, à Scru (Vitry).

DE HONDREVILLE, à Chancenay (Vitry).

DE SAINT-GERMAIN, à Arzillières (Vitry),

BEGUIN, sr de Suzemont, à Vaux (Vitry).

DE BEAUVIERS, sr de Blumeré, à Fleronoy (Vitry).

DE BEAUVIERS, sr d'Attancourt, à Fleronoy (Vitry).

JOLLI, sr de Saunoy, à Fleronoy (Vitry).

DE CANTELEU, sr de Linart, à Baudrecourt (Vitry).

PAILLETTE, sr de la Motte, à Vitry.

DANNEAU, veuve Le Bégat, à Chalette (Bar).

PIEPAULT, à Lignol (Bar).

DE BOUTENAI, sr de Lanti, à Bar.

DU MESNIL, sr d'Arrentières, à Bar.

D'AULNOY, sr de Fligny, à Bar.

LE DUIT, sr de Fontaine, à Troyes.

MOREAU, s^r de la Rochette, à Troyes.

DU VERGER, à Chantemerle (Troyes).

LECLERC, s^r de la Forest, à Troyes.

RONCENAY, à Fontaine (Troyes).

DE LOBLIGEOIS à Saint-Ouen (Troyes).

DE BERAILLON, s^r de Neuville, à Troyes.

LE PAGE, à Huistre (Troyes).

LE MAIRAT, s^r de Tournelles, à Troyes.

BERTHELIN, à Troyes.

LE BŒUF, s^r de Chanpavon, à Châtillon (Troyes).

DE BOUCHER, à Palis (Troyes).

CHOPIN, s^r de la Tour, à Payens (Troyes).

DE BOURBON, s^r de Saint-Etienne, à Troyes.

DE MAUROY, s^r de Maulmont, à Troyes.

DE LA HAIN, à Bouchy-le-Repos (Troyes).

GOMBAULT, s^r de Vermois, à Troyes.

GALLET, s^r des Escars, à la Maison-Blanche (Troyes).

D'AUTRI, s^r du Carreaux, à Bussi (Troyes).

DE VIGNAULT, s^r du Haut-Chêne, à Troyes.

D'ARTAIZE, s^r de Ville-Maison, à Troyes.

DE PIGNEY, bailli du lieu, à Troyes.

ANDRÉ, dit LA MOTTE, à Villemoyenne (Troyes).

DE MAUROY, s^r de Villemoyenne, à Troyes.

CLAIRY, s^r de Coninet, à Torvilliers (Troyes).

VARNIER, à Goncourt (Troyes).

DE BREUZÉ, à Saint-Phal (Troyes).

DE MOSNI, sr de Nogent, à Saint-Phal (Troyes).

DE MAUPUIS, à Villemoiron (Troyes).

LE GRAND, sr de Bouard, à Villenauxe (Troyes).

DE CANTRE, sr des Jardins, à Saint-Jean-de-Bonneval (Troyes).

OLIVIER DES CHAMPS, sr de Viaspre (Troyes).

HUOT, sr de la Héraude, à Vaudes (Troyes).

DE BIEVRE, sr du Petit-Viaspre, à Troyes.

DE LONGEVILLE, sr du Petit-Viaspre, à Troyes.

DE PONSORT, sr de Vaux, à Reims.

GHELIN, à Vieux (Reims).

DE BOUILLART, sr de la Croix, à Reims.

GIRAULT, sr du Poirier, à Rethel.

DE LANDREVILLE, à Châtillon (Rethel),

CLOGET, à Ville-en-Lieu (Vitry).

DE FUMEL, à Eclaron (Vitry).

DE MERBRIQUE, sr de Chevuze, à Villegrien (Troyes).

DE VIENNE, sr de la Tuillerie, à Troyes.

DE LA SALLE, à Montiérender (Bar).

DE MESSEY, sr de Savine, à Braux (Bar).

MASSON, à Doulevant (Bar).

DU ROCHER, jeune, sr des Barres, à Gié (Bar).

LE GRAS, à Vaucongnore (Bar).

LE PERI, sr de la Chaussée, à Mesnil-Frichart (Bar).

DE LA GRANGE, à Longeau (Troyes).

DE SAUVÉ, sr de Courgerenne, à Troyes.

MOREAU, sr de Sainte-Livière, à Sommevel (Troyes).

DE MARISY, à Soligné (Troyes).

DE FAUTREY, à Measlai (Bar).

ARMINOT, sr de Préfontaine, à Langres.

DE BRILLY, à Metsieres (Langres).

DE GIMEL, à Serqueux (Langres).

D'ANTIGNATTE, à Grandery (Langres).

DU BREUIL, sr de la Brossardière, à Chaumont.

DE BAR, sr d'Antigneul, à Vaucouleurs.

DU LORAIN, srs de Drosnay, Etrepy, Brusson, etc., à Vitry.

LE FEVRE, sr de Brouvois, à Vienne-la-Ville (Reims).

DE BOULOGNE, à Savigny (Rethel).

DE BOSNE, sr d'Antheny, à Rethel.

CORNET, à Sommeremont (Vitry).

DE BAUVIER, à Boucheval (Vitry).

DE MARVAL, à Alichamps (Vitry).

CLAVARIOT, à Planrupt (Vitry).

DU MANGE, sr de la Poterie, à Lommartin-le-Franc (Vitry).

BEGUIN, sr de la Cour, à Suisy-le-Franc.

GEOFROY, sr du Haut-Chemin, à Sainte-Menehould.

DE BAULINE, à Montgrimault.

RICHER, à Sainte-Menehould.

DAUNGNI, à Hancourt.

ORLODOT de la Voie.

LE FEBVRE, sr de Maurepas, aux Bouleaux.

DE LA LOYAUTÉ, veuve Deya, à Salle-sur-Tourbe [1].

DE MONGIN, à Loisy-en-Brie.

DE BAR, à Granne.

DE CARTET, à Aunay-sur-Marne.

---

1. Faut-il lire Ville-sur-Tourbe ?

MÉMOIRE instructif concernant les particuliers qui ont esté assignés à Troyes[1]

D'HENNIN LIETARD, sr d'Ablancourt.

ANDRÉ, sr de Monserve, ne peut soutenir.

BLANCHART, lieutenant de robe courte.

HENNEQUIN, veuve Le Seinger de Rochefort. Difficile.

BERTHELIN, contrôleur du Domaine. Ne peut.

GARGAM. Ne peut. — Possède 40,000 livres[2].

DE MANTES. Ne peut.

CORRART, élu. Ne peut.

CLERET, bailli de Méry.

LARGENTIER, bailli de Troyes. Peut.

HUET, avocat. Ne peut.

GAUTHIER, sr de Guierry.

---

1. Même observation que pour la liste précédente. Seulement dans celle-ci, M. de Caumartin indique lui-même ceux qui ne peuvent prétendre à une maintenue.

2. Maintenù postérieurement.

DU BOURG, sᵣ de Mallet.

DE GUMERY, sᵣ du Chemin.

DE HUOT.

DE COCKBORNE.

QUINOT. Est gentilhomme.

BAILLET, conseiller à Troyes. Ne peut.

DENIS, sᵣ de Pouillé. Ne peut. — 500,000 liv.

LE NOBLE, sᵣ du Bellais. Ne peut. — 120,000 liv.

Veuve POTERAT. Ne peut.

DENIS, prévôt à Troyes. Ne peut. — 500,000 liv.

DE BELINCOURT.

DE VOULDY. Est gentilhomme.

FELOIX, sᵣ de Beaulieu. Ne peut.

LUDOT, avocat. Ne peut.

DES MARETS. Ne peut.

CHAMBON, veuve Le Courtois, sᵣ de Faï.

CORRARD, conseiller à Troyes. Ne peut.

DE LA CHASSE, conseiller à Troyes. Ne peut.

DE RENARD.

LARGENTIER, marquis de Belleval. Peut.

DE RICHEBOURG.

DE MESGRIGNY, sᵣ de Villebertin. Est noble.

DE MAUROY.

ANGENOUST. Peut.

LE COURTOIS. Douteux.

LE NORET, lieutenant du guet. Ne peut. — Voir ses privilèges.

DE MOUCHOT, prévôt des Maréchaux. — A la noblesse par ses provisions.

NIVELLES. Ne peut.

DE NORTAS, sᵣ de Virlaye. Ne peut.

GRASSIN, assesseur. — L'a par ses provisions.

GARGAM.

BOURGEOIS. Douteux.

DE MARISY. Gentilhomme.

REMOND, avocat du Roi. — Douteux.

DE CORBERON, président. — Ne peut.

LE MAIRAT, sᵣ de Droup. — Peut.

GOMBAULT, élu. — Ne peut.

AUBERY, huissier de Madame. — Ne peut.

LE TANNEUR, sᵣ de Marolles. — Gentilhomme.

DE BERMONDE.

DE VIENNE, conseiller. — Peut.

Veuve NEVELET, sᵣ du Ruisseau. — Ne peut.

BERTHELIN, dit de L'Isle. — Ne peut.

Veuve CORBERON, sᵣ de S. Avantin. — Ne peut.

Veuve LEFEBVRE DE CHEVAILLON. — Peut.

Veuve LE NOBLE, président. — Ne peut pas.

Veuve MOLÉ, sᵣ de Villi. — Peut.

DE VILLEPROUVÉ. — Peut.

QUINOT, conseiller. — Peut.

GOMBAULT, sᵣ de La Marque. — Ne peut pas.

HUES, conseiller. — Ne peut pas.

DE BEURVILLE. — Peut.

Veuve COCQUIN, sʳ de Fontaine. — Ne peut pas.

DE LA FERTÉ, procureur du Roi. — Peut.

NOEL, sʳ de Buchères. — Peut.

GILLES, bailli de Beaufort.

PAILLOT, sʳ de La Chapelle-Saint-Luc. — Ne peut pas.

LE FEBVRE, sʳ de Chambelin. — Ne peut pas.

BARTHON, président de l'Election. — Ne peut pas.

ROBERT. — Ne peut pas.

DOUÉ, conseiller. — Ne peut pas.

VIRLOIS, conseiller. — Ne peut pas. — 150,000 liv.

LE COURTOIS, conseiller. — Douteux. — 150,000 liv.

DE VILLEPROUVÉ. — Peut.

FOREST, élu. — Douteux.

MARGUENAT, sʳ du Parc.

NOVELET, sʳ d'Osche. — Douteux. — 120,000 liv.

POTHERAT, élu. — Ne peut.

DE PALLUAU, sʳ de Vouarce. — Peut.

GALLIERS. — Ne peut.

DE FENIX. — Ne peut.

LIBORON, sʳ de Baude. — Renvoyé.

COPPIN, conseiller. — Ne peut.

ÉTAT des Gens condamnés par Monseigneur

BILLET, sʳ de Fagnières, à Châlons. Amende de 700 liv. — (Maintenu 1ᵉʳ juillet 1714).

JOTHIER, à Vitry. 200 liv. — Misérable.

DU BOIS de Farémont. 2,500 liv. — Réduit à 1,000.

LE DUC de Compertrix. 2,000 liv. — (Maintenu 25 juin 1723).

HOCQUART, lieutenant à Vitry. 2,000 liv. — Réduit à 1,500. A eu garnisaire. (Maintenu 1698).

DE POISSONNEART, sʳ de Chouilly. 2,000 liv. — Par défaut. Nul bien.

HORGUELIN de Breuvery. 2,000 liv. — Appel et confirmation.

LE FEBVRE de la Noé. 200 liv.

DU HOULIN du Clos. 2,000 liv. — Par défaut. Nul bien.

NOEL de Champfort. 500 liv. — Réduit à 150.

HENNEQUIN, veuve Clozier. 2,000 liv. — Appel. Admise à prouver. (Clozier, maintenu 1699.

DU BOIS de Marson. 2,000 liv. — Réduit à 500.

ROSNAY de Marne, à Châlons. 2,000 liv. — Réduit à 300. (Maintenu comme secrétaire du Roi).

PAUGET de Longenay. 2,000 liv. — Mort. Son frère admis à prouver.

DE REBAULT. 200 liv. — concierge du château de Roche. Nul bien.

JACOBÉ, élu. 1,000. — Réduit à 400. (Maintenu en 1666).

JACOBÉ, grenetier. 1,000.

ROBINIÉRE. 200 liv. — Déchargé.

CLIQUET de Flamanville. 200 liv. — Le Roi lui a donné une compagnie de cavalerie à cause de ses blessures.

LE ROY. 500 liv. — Très pauvre.

D'ANGLARS. (Trois à 200). — Admis à produire.

DU FAUTRÉ. 2,000 liv. — Sans bien.

LEFEVRE. 2,000 liv. — Sans bien.

LE CORDELIER, à Sézanne. 2,000 liv. — Déchargé. (Maintenu par Caumartin).

PASTÉ. 400 liv.

DE BAR. 500 liv. — (Maintenu décembre 1668).

DU BOIS. 400 liv.

RHAULT, sr de Lestrée. 1,500 liv. — Absent.

DAULIÉ, sr de la Coste. 1,000 liv. — Absent.

DU BOIS de Chevillon. 1,000 liv. — Réduit à 200.

NOEL de Voulzy. 2,000 liv. — Reconnu. (Maintenu 1698).

PANZÉ. 2,000 liv. — Admis à produire.

« Le quatrième et dernier Roole de Champagne n'a pas esté retiré du Greffe du Conseil que trois jours auparavant les festes de la Noël, en sorte qu'il ne peut estre icy fait aucune observation sur iceluy et que les 65,000 livres de condamnations dont ledit Intendant a envoyé les Mémoires à Monseigneur n'ont pas produit jusqu'à présent 5,000 livres, quoiqu'il y ait plus de trois fois autant de dépensé pour les frais et qu'il n'y ait pas lieu d'en espérer beaucoup, tant à cause de modération, décharge, qu'insolvabilité des condamnés. »

Arcis-sur-Aube. — Imprimerie Léon FRÉMONT.

TABLE DES MATIÈRES

———

Arcis-sur-Aube. — Imprimerie Léon Frémont.